競馬で全然勝てないので競馬でFIREした男にコツを聞いてみた

ナーツゴンニャー中井

三笠書房

ワァァァ
ま、また負けた…
競馬で勝てない
誰だよ今回の1番人気は間違いないって言ったヤツ…
連単
そもそも競馬って騎手とか血統とか調教とか考えること多いし
配当少なっ
せっかく当たったと思っても全然儲からない
当たったときは楽しいけど悩みに悩んだあげく大負けしたときなんかはメンタル崩壊
まさに今その状態…
ガラガラガラ

どうせならボロ勝ちしてウハウハになりたいな〜〜
※妄想中
ふはははははは
競馬のYouTubeで参考になりそうな人とかいないかな…
ウマキんグ
お？
チャンネル登録者数65万人!?
しかも競馬でFIREしたってこの人何者…？
ん？

?!
え、ホンモノッ
ど、どうする
声かける…？
いや、
いきなりは
怪しすぎるだろ
あっ…
行っちゃう
…今のままじゃ
何も変わらない……

あ、あのっ
競馬で勝てる方法
教えてください！
いいですよ
視聴者の方かな？
フランクー
…え…えっ!?
本当ですか!?
俺、全然
勝てなくて…
競馬で勝つために
必要なことは
ドーン
大きく
〝4つ〟
だけです

Prologue

いつも「なんとなく賭けて、なんとなく負けている」あなたへ

はじめまして！　「競馬でＦＩＲＥした男」ナーツゴンニャー中井です。

競馬でＦＩＲＥしたといっても、ＷＩＮ５で何億円も当ててＦＩＲＥしたわけではありません。正しくは「競馬の〝期待値〟でＦＩＲＥした男」なのですが、それがどういうものかは後ほど説明するとして、もし、あなたが今、競馬に対し、

「予想しても全然当たらない」

「手堅く賭けたのに負ける！」

「競馬のセンス、ないのかなぁ」

「どうせ、儲かるのはＪＲＡだけ」

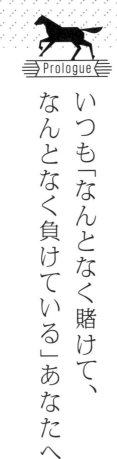

「最近、どうもツイてない……」

こんなお悩みやストレスを抱えているとしたら、本書がきっと役に立ちます。
読み終える頃には、こうした状態から抜け出せる、まったく新しい思考法と手段を手に入れ、あなたの競馬の腕は、何ランクも上がっていくはずです。どうか期待して、このまま読み進めてください。

最初に、僕が声を大にしてお伝えしたいのは、**「競馬に運は関係ない」**ということです。

負けが続いて弱気になっているときほど、「この騎手とは相性がいいから」とか、「今日は占いが1位だったから」とか、「このレースは大外がきたためしがないから」など、気分的な要素やジンクスを信じたくなりますが、はっきり言って、なんの意味もありません。

論より証拠。僕の経験をお話ししましょう。

僕が競馬と出合ったのは20歳の頃。そこから5年ほどで競馬だけで食べていけるようになり、当時の仕事（中学・高校で社会科の教師をしていました）を辞めました。

その後も5年以上、ずっと競馬の収益だけで生活しており、現在は「ウマキング」というYouTubeチャンネル（2025年2月時点でチャンネル登録者数65万人を突破）を通じて、競馬の楽しさを伝える活動をしています。


もしこれが、すべて運やジンクスによるものだと言ったら、どうでしょうか？

「そんなわけあるかい！」と、僕ならツッコミます。そんなに何年も都合よく、ラッキーやカンだけで勝ち続けられるはずがありませんよね。

「競馬で勝つ」ために必要な4つのこと

では、競馬で勝ち続けるには、何を究めていけばいいのか。

僕は、4つあると思っています。

それは、**「期待値」**、**「予想」**、**「賭け方」**、**「メンタル」**です。

この4つを磨いていくことで、競馬の腕は必ず上がります。ですから、本書もこの4つの要素で構成しています。


このうち、僕が最も重視しており、本書の柱ともいえるのが**「期待値」**です。期待値こそ、ナーツ式競馬の土台であり、僕が競馬で勝ち続けている理由に他なりません。


「期待値？　数字？　なんか難しそう……」と思われたあなた。大丈夫です。

僕が言う期待値とは、数字というよりも〝発想法〟が重要なので、数字に強くなくてもまったく問題ありません。僕自身、バリバリの文系です。

初心者、上級者に関係なく、どなたにも自信を持っておすすめできますし、とてもシンプルなので、再現性も高いです。


期待値の発想をモノにすると、他のギャンブルにも応用できます。

実際に僕は、初めて参加したポーカーの全国大会で期待値の発想を活用し、なんと準優勝することができました。ポーカーは覚えてまだ1週間という超初心者で、最後はほとんどプロが相手だったにもかかわらずです。

そのくらい、期待値をつかむと強い。まさに一生もののギャンブル力と言っても過言ではないと思っています。


本書における「予想」や「賭け方」、「メンタル」も、すべて期待値の発想がベースになります。ですから、本書では第1章で、この期待値について詳しく解説します。

競馬ファンの皆さんはきっと、早く「予想」や「賭け方」のことを知りたいかと思いますが、この期待値を理解していないと、半分も伝わりませんので、どうかここは読み飛ばさないようにしてください。なんなら、他は飛ばしても、ここだけは読んでほしい！


「期待値」は、最近SNSや競馬サイトでも見かけるワードですが、芯《しん》から理解して使っている人は少ないように思います。

第1章では、僕が考える競馬における期待値の考え方や出し方はもちろん、なぜ多くの人が競馬で勝てないのか、その理由も含めて解説します。ここでしっかりと「競馬で勝つ人の思考法」をつかんだ上で、本書を読み進めてください。

第2章は、「予想」です。

僕のＹｏｕＴｕｂｅチャンネルを見ていただいたことがある方は、ご存じかもしれませんが、僕は「レース回顧」（88ページ参照）を予想に使います。

多くの人が、調教や血統、馬柱《うまばしら》（各馬のプロフィールや過去の成績を記載したもの）などで予想をしていると思いますが、僕はそうした情報をほぼ見ません。過去のレースから、期待値のある本命馬を探します。

では、どうやってそうした馬を「レース回顧」で見抜くのか。実際に僕がいつも見ているポイントをお伝えします。

「そうは言っても、簡単に予想の腕は上がらないんじゃ……」と懸念される皆さんのために、これまでに僕がチェックした膨大な過去データから、誰でも回収率が上がるとっておきの狙い目レースも、特別にお教えしましょう。

第3章は、「賭け方」です。

本命馬を見定めても、賭け方が悪いと回収率は上がっていきません。「当てたい」と思うあまり、もったいない賭け方をしている人が多いので、まずそこに気づいていただきます。ここでも、軸になるのは「期待値」です。

第4章は、「メンタル」について。

結果が出ないとどうしても、予想や賭け方が揺らいでいくものです。そんなとき、どう乗り越えるか。ブレずに期待値を追い続けるために、覚えておいていただきたいことをお伝えします。

僕はFIRE後、ビジネスで成功している方々にたくさんお会いしてきましたが、**期待値に裏づけされた勝ち続けるためのメンタルは、仕事や人生にも役立つ**と感じています。

繰り返しになりますが、競馬に必要なのは運ではありません。**正しい知識と思考法**です。一人でも多くの人にこのことを伝えたくて、僕は初めての書籍となる本書を、全力で執筆しました。

この本を通じて、少しでもあなたの回収率が上がり、より競馬を楽しめるヒントになれば幸いです。

ナーツゴンニャー中井

目次

誰でも簡単にできる「期待値の出し方」 046

なぜ、あなたは競馬で勝つことができないのか 056

第2章

予想

――期待値のある「本命馬」の選び方とは

2 競馬場・コースの特徴

ここだけは押さえてほしい！　各レース場の特徴　127

明日からすぐ使える！
「回収率100％超」の黄金パターン　134

3 展開（枠・トラックバイアス）

第3章 賭け方
――あなたの「回収率」を劇的に高める方法

第4章 メンタル
——どんなときでも、ブレずに「勝ち続ける」ために

Epilogue

Column

編集協力／大上ミカ（株式会社カクワーズ）
本文漫画・イラストレーション／伊藤カヅヒロ
本文DTP／株式会社Sun Fuerza

第1章

期待値

すべての
ギャンブルに通じる
「勝者の思考法」

「競馬の勉強するぞ！」ってはりきってたけど
見たことある部屋だな…
イルマーマニー
借金
1,511,450円
正直、何から手をつければいいのかわからない……
ナーツさん
あの子誰？
ナーツさんが連れてきたらしい
競馬で勝つために一番大切なことってなんですか？
カタ
カタ
それは〝期待値〟だね

期待値って言葉、よく聞くけどあんまりわからない
うーん
なんか難しそう…
当てればいいんだよっ
それだけ！
ひっ
難しく考えんな！
ナーツさんの相方イルマーマニー松浦さんだ！
びっくりした…
マニー
さて結果を見ていきましょうか
ナーツさん4回連続で外してる…
すごい人だと思ってたけど全然当たんない
まあまあこれが競馬ですから
キター！
むしろイルマさんのほうが当たってる……
ついていく人間違えたかな
俺もこのレースとれたし

結果発表〜〜!!
わたくしは回収率550%でトータル収支はプラス55万円!
イルマは回収率40%でトータル収支はマイナス3万円!
ナーツさんが勝ってる!
当てる数ならイルマさんや自分のほうが多いのに…
な…なんでこんなに差がつくんですか?
これが、〝期待値的な発想〟があるかないかの違いです

そもそも「期待値」って何？

期待値についてお話しする前に、お断りしておかなくてはならないことがあります。

それは、本書でお伝えする期待値をベースとした「ナーツ式競馬」では、**今まであなたが培《つちか》ってきた、競馬で当てるための思考やノウハウを、いったんリセットしていただく必要がある**、ということです。

期待値とは、数字というより〝発想法〟そのものなので、今までの思考やノウハウに上乗せすることができません。むしろ今までの発想とは〝真逆〟になる部分も多いので、競馬に対する思考を根っこから変えるつもりで読んでいただきたいのです。

では、期待値をベースとした「ナーツ式競馬」とはなんなのか。

一言でいうなら、**「当てることを目指さない」競馬**です。「当てることは目指さずに、勝っていく競馬」と思っていただければ差し支えありません。

「当てることを目指さないで勝つ？　どういうこと？」と思われたかもしれません。競馬は、当てなければ儲からないので、ごもっともです。

ですから普通は、「的中率」を重視しますよね。おそらくあなたも、「当てる」ことを意識して馬を選んでいると思います。

ですが、ナーツ式競馬では、勝つ馬を当てる「的中率」は考えません。重視するのは的中率ではなく、**賭けた金額全体に対してどのくらい儲かったかを示す「回収率」**です。

もう少し具体的に説明しますと、「この馬に賭けると、平均してどのくらい儲かるのか」を考えることが、すべての基本となります。

この「平均してどのくらい儲かるのか」を表す数値が、ズバリ**「期待値」**です。僕は、平均回収率の高い馬を「期待値の高い馬」と呼んでいます。

「当てにいくのをやめる」ことから始めよう

「競馬の平均って何？　難しい話ならパスなんだけど」と、ここでも疑問やご不満が湧いてくるかと思いますが、順を追って説明しますので、どうかもう少しお付き合いください。

まずは、「当てるための競馬」から、「当てることを目指さずに勝っていく競馬」に発想を切り替えていくんだ、ということだけご理解いただければ十分です。

ここでの**「勝つ」とは、賭けた額より資金が増えること**。これ以降の「競馬で勝つ」とは、馬券が当たることではなく、あくまで、手持ち資金をより多く増やす、という意味でお読みいただければ幸いです。

実際、僕は競馬で賭けるとき、「当てよう」とはまったく思っていません。

むしろ、外れるのがデフォルトで、**「5回に1回当たればいい」ぐらいの感覚**でいます。精神論でもなんでもなく、そのほうが合理的だからです。

たとえば、当てようと思ってオッズが1倍台のような強い人気馬に賭け、4レース続けて当たったとしても、1レースでも落とせば簡単に資金はマイナスになってしまいますよね。逆に、4レース外しても、たった1レース、5倍以上のオッズがつく馬を買えていればプラス。このほうが実際、ラクに勝てるのです。

競馬は「単発勝負」ではない

勝つために的中率は考えない、というのは非常に重要なポイントなので、もう少し説明しますね。

まず、的中率は考えないというか、そもそもレースはその1回だけで考えません。

大前提として、僕はレースを予想する際、どのレースも**「10万回行なわれる」**ものとしてとらえます。

もちろん、「10万回」というのはただのたとえで、大切なのは、**同じレースが「無限」に行なわれるものと考えて予想できるかどうか**。

10万回レースをしたときに、平均して最も回収率の高い馬を考える。これが、期待値を追う競馬における、めちゃくちゃ重要な考え方です。

「10万回？　は？　どういうこと？」と、再び戸惑われたかと思います。

そりゃそうですよね。現実にはそのレースは1回しかないわけですから、いきなり10万回だの、無限だのと言われてもピンとこないでしょうし、意味もわからないと思います。

なぜ10万回で考える必要があるのか。ここでちょっと、2024年の天皇賞（春）を題材に、イメージしてみましょう。

2024年春の天皇賞。1着は、1番人気のテーオーロイヤルでした。2着が5番人気のブローザホーン、3着は6番人気のディープボンドです。JRAのサイトにレース動画もありますので、お時間があればぜひ見返してみてください。

もし仮に、この天皇賞がもう一度行なわれるとしたら、結果はどうなるでしょうか？　同じメンバー、同じ枠順、天候その他すべて同じ条件だったとします。あなたは、どの馬に賭けますか？

「結果はもう出ているんだから、3頭の3連単で決まりでしょ!」

そう思われる方は多いと思います。……ですが、本当にそうでしょうか?


もし、同じ条件であったとしても、「同じレース」になることはまずありません。

なぜなら、**馬は機械ではないため、まったく同じように走らせることは不可能**だからです。どれほど上手な騎手でも、寸分違わずに馬を走らせることはできませんし、どんなに強い馬でも「絶対」はありません。出遅れる可能性や、落馬のリスクもゼロじゃない。そもそも馬なので、気分によって全力を出しきらないことだってあります。もう一度走るとしても、テーオーロイヤルは1着を取れるだろうか……。そんな思いが頭をかすめた人は、センスがあります。


何が言いたいかというと、この天皇賞の着順は、**「今回はたまたまそうだった」だけ**だということです。

着順はあくまで結果論。このレースだけを見れば、テーオーロイヤルやブローザホーン、ディープボンドを買った人が正解、と思ってしまいがちですが、そうではありません。10万回レースが行なわれると思えば、着順のパターンは無数にある。**「このレースの正解はひとつしかない」「何度やっても同じ結果」と思うのは、大きな誤解**なのです。

僕に言わせれば、レース結果は、単なる「10万回のうちの1回の結果」にすぎません。ですから、外れても当たっても「ふーん」で終わりです。

……言いすぎました。当たったら「まあ、嬉しい」ぐらいは思います。

ただ、基本的に**その日の勝ち負けには、まったく興味がない**です。10連敗、20連敗しても、特に何も思いません。長期で見たときに、プラスになっていればいいわけですから。

おそらく、これだけではまだ「でもやっぱり実際は、10万回もレースをやらないし、当てなきゃ意味ないのでは?」と疑問が消えないでしょう。でも大丈夫です。本書を読み進めるうちに少しずつ、発想が切り替わってくると思います。

とりあえずここでは、「競馬で勝つためには、そのレースが10万回行なわれるという前提に立つべきだ」ということだけ、覚えておいてください。

なぜ、「1番人気」を買い続けてはいけないのか

「レースは当てなきゃ意味がない」という思考から入ると、どうしても的中率の高そうな人気馬に頼りたくなります。特に負けが続いているときなどは、「オッズは低くてもいいから手堅く勝ちたい」「損さえしなきゃいい」という心理になりがちです。

しかし、「競馬で勝つ」ことを第一に考えるなら、これはあまりいい手とはいえません。厳しい言い方をすれば、**「負ける競馬の入り口」**だと思ったほうがいいでしょう。

ではなぜ、こうした「的中率を意識した」買い方・考え方をしてはいけないのか。ここについて、順を追って説明していきたいと思います。

たとえばあるレースに、イクイノックス（※2022～2023年にかけてGI・6連勝を達成。2023年にはワールドベストレースホースランキング1位に選出される）が出走するとします。ご存じの通り非常に強い馬ですので、そのレースで勝つ確率は50％ぐらいあるとしましょう。

当然のように1番人気で、単勝オッズは2倍でした。

「このレースはこいつで決まりだ！」と、あなたはイクイノックスの単勝に1万円賭けたとします。予想通り1着になり、めでたく2万円の払い戻しです。

次のレースもまた、「損したくないから頼む！」と、1番人気のイクイノックスに単勝1万円を賭けました。……ですが、競馬に絶対はありません。今回は外れました。

賭けた1万円は流れ、2万円に増えていた資金は1万円に逆戻りです。回収率は100％。損こそしていませんが、勝ててもいません。


実際のレースデータは、もっとシビアです。

2024年のデータによれば、**1番人気の馬の単勝回収率は年間で平均79％程度**でした。つまり、1番人気の馬の単勝に毎回1万円を賭け続けると、最終的にはだいたい8000円になってしまうということです。


今回のレースは「たまたま勝った」としても、長期的に見たらどうなのか。

今回のレースが「もう一度行なわれる」としたら、結果はどうなるのか。

「レースが10万回行なわれる前提に立つ」のは、そのためです。10万回レースをした場合の平均的な回収率を考えると、1番人気の馬は〝おいしくない〟どころか、賭け続けると損してしまいます。**勝ちたいのなら、1番人気の馬を買い続けるのは、理屈に合わない**のです。

サイコロを〝10万回〟振ってみてください

そうは言っても、競馬で「当てることを目指さない」「的中率を意識しない」思考になるのは、かなり難しいです。実体験で「ああ、本当にそうだな」と思えないと、なかなか思考は切り替わらないと思います。

そこで、ぜひ試してほしいことがあります。

サイコロです。**サイコロを振って、出た目のデータを取ってみてください。**

サイコロを振って出る目は、当然ながら毎回バラバラです。6が10回連続で出ることもあれば、1が100回連続で出ないこともあるでしょう。

ですが、何度も振るうちに、だんだん出る目のバラツキ、偏りは減っていきます。「大数《だいすう》の法則」といって、**試す回数を増やせば増やすほど、確率が一定値に近づいてくる**のです。実際に10万回も振れば、どの目も出る確率がほぼ6分の1ずつになってくることが確認できるでしょう。

この、**「試行回数が多くなればなるほど、確率の偏りは減っていく」という法則は、競馬にも当てはまります。**1レースだけで見れば、どの馬が1着になるかはいわば時の運ですが、10万回も走れば、その馬の力量に見合った勝率に近づいていきます。

たとえば、勝率50％の馬は、10万回のうち5万回は勝つ。勝率10％の馬なら1万回は勝つという具合に、確率が収束してくるはずです。

はずです、と歯切れが悪いのは、残念ながら競馬はサイコロのように実際に10万回やることはできず、「答え合わせができない」ためです。

ですが理論的にも、僕の長年の経験から言っても、長く続ければ続けるほど、確率はブレなくなります。

この**確率の偏りをなくした状態で、その馬の勝率を考える**のが、ナーツ式競馬の基本になります。ここ、めっちゃミソです。

仮に10万回レースをするとして、10回に1回ぐらいは勝ちそうと思ったら、その馬の勝率は10％、といった具合に考えます。

このとき、その馬のオッズが20倍ついていたらどうでしょう？　10回中9回は外れてしまうかもしれませんが、20倍つけば、たった1回の当たりで回収率はプラスです。

つまり、勝率とオッズの両方を見て**「10万回走ったら〝おいしい馬〟はどれか」**を見極めるのが、ナーツ式の期待値を追う競馬なのです。

このやり方、1点だけ難を言えば、「当たりにくい」ことです……。

勝率5％の馬なら、95％は外れると思って賭けることになります。僕はもう、この考えが骨の髄《ずい》まで浸透しているので気になりませんが、最初は面白くないと思います。

そこで「メンタル」が必要になってくるわけですが、今の段階で言えることは、**「期待値は絶対に裏切らない」**ということ。期待値を追っていれば、必ず期待値通り

①「勝率50%でオッズ2倍」の馬に1万円賭け続ける場合

a. 1万円
↓
1/2で当たり
↓
2万円
（＝＋1万円）

b. 1万円
↓
1/2で外れ
↓
0円
（＝－1万円）

トータルでは
±0

②「勝率10%でオッズ20倍」の馬に1万円賭け続ける場合

c. 1万円
↓
9/10で外れ
↓
0円
（−1万円×9＝−9万円）

d. 1万円
↓
1/10で当たり
↓
20万円
（＝＋19万円）

トータルでは
＋10万円

長期的に見れば、2のほうが得をする！

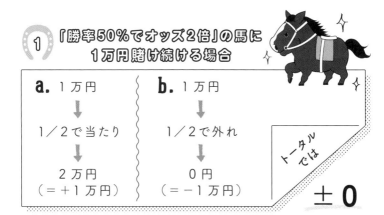

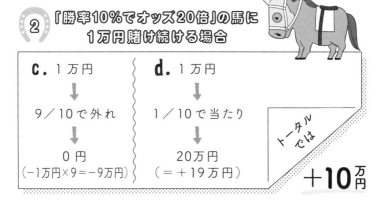

の結果がついてくることは、僕が保証します。そこで当たらないからとブレてしまい、1番人気の馬に走るほうが、結果的（長期的）には損してしまうと思ってください。

僕はパチスロから「ギャンブルの本質」を学んだ

ここまで僕が期待値の考え方を徹底できるようになったのは、**パチスロで「期待値は絶対に嘘をつかない」という原体験をした**ことが大きいです。

ギャンブル好きだった僕は、競馬より先に、パチンコやパチスロにはまっていました。パチスロは、出る台に当たればラッキーの「運ゲー」のように見えますが、実はかなり「読み」が利くギャンブルです。

まず、それぞれの台には「出る確率」が書いてあるので、これが当たったらだいたい平均していくら出る、というのはわかります。日によって当たる台は変わりますが、それもすべて数字で組まれているので、膨大な数をこなすうちに、打ち続ければプラスになる台、つまり「期待値の高い台」を自分で割り出せるようになりました。

出る確率が書いてあるパチンコやパチスロでは、**自分の予想が合っていたかどうか、〝答え合わせ〟ができます**。割り出した「期待値の高い台」を、僕はそれこそ、何百、何千という回数で答え合わせをし、100%の確信を得るまでになったのです。

そこからはもう、「最近なんとなく調子がいいから」とか、「この台とは相性がいいから」といった、あいまいで根拠のない要素は、一切考えなくなりました。

期待値だけ追っていればいい。ここだけ考えていれば、**「結果」は勝手についてくる**。実際そうなっていることを自分で体験したので、この考え方を徹底できるようになったのです。

競馬は「答えがわからない」から面白い

ではなぜ、そんなに自信のあるパチスロから競馬に移ったのかって？　それは、競馬のほうが期待値を追うのが面白いからです。

パチスロは、僕から見れば〝答えが書いてある〟ギャンブルで、勝つのは簡単なのですが、レートが低く、勝てる額にも限りがあります。

競馬は「答えがわからない」から難しいけれど、その分、予想のしがいがあるし、実力差も出る。賭ける金額を大きくできるから、見返りも青天井です。

また、他のギャンブルより「点数」が多いのも、競馬の魅力です。たとえば競艇は6艇、オートレースは8車なのに対し、競馬は多いときには18頭も走ります。**高い期待値は、点数（変数）が多いほど生まれやすい**ので、競馬はギャンブルとして非常に面白いのです。

期待値の「絶対さ」に気づいてから、僕のギャンブルは劇的に変わったと思います。期待値を追いすぎて、今ではもう、日常生活すらも「期待値」で考えるまでになってしまいました……。

たとえば、洗濯物はためません。ためても、なんの期待値もないからです。テレビやネットをなんとなく見ているときも、「これ期待値ないな」と思ったらすぐやめます。お金も時間も、自分にとって期待値が高いと感じることにしか使わなくなりました。

ナーツにとって期待値のあることは何かって？　していて面白くて楽しいことですね。まあ、ほぼ競馬なんですけど（笑）。

さて、期待値の基本的な考え方、ご理解いただけましたでしょうか？

本書で最も重要といっていいパートですので、もしまだイメージがつかめていなければ、繰り返し読むことをおすすめします。「当てる競馬」から「勝つ競馬」に、少しでも発想を切り替えられそうになれば、第一歩としては大成功です。

次のパートでは、いよいよ「期待値の出し方」をご紹介していきます。

数字がいろいろ出てきますが、難しくはありません。すぐ実践できるぐらい簡単なので、リラックスしてお読みください。

ファーストステップは、「当てにいく競馬」をやめること。
競馬で勝ちたいなら、「的中率」より「回収率」を重視しよう！

誰でも簡単にできる「期待値の出し方」

ではさっそく、実際に「期待値」を出してみましょう。
競馬の期待値は、次の公式で出すことができます。

期待値＝「その馬の勝率」×「オッズ」

これだけだとイメージしにくいと思いますので、具体的に計算してみましょう。
たとえば、勝率30％でオッズが2・2倍の馬を、この式に当てはめてみると、こうなります。

30％（勝率）×2・2（オッズ）＝66％（期待値）

期待値は、66％になりました。
勝率5％でオッズが23倍の馬ならこうです。

5％（勝率）×23（オッズ）＝115％（期待値）

期待値は、115％。この2頭の馬の場合、より期待値が高いのは後者ということになります。

ちなみに「勝率」の部分は、どこにも書いてありません。新聞にもネットにも「答え」は書いていないので、自分で考えて振ります。どうやってこの勝率を弾き出すかについては、第2章以降でお伝えしますので、もう少しお待ちください。

そして、「期待値の高い馬」を検討し、馬券をどう買うか考えるのに役立つのが、次にご紹介する**「予想フォーマット」**です。これを記入していくと、自然と期待値の高い馬を整理できるので、ぜひレースごとに実践してみてください。

勝率・オッズ・期待値を〝見える化〟する

予想フォーマットは、次の手順で作成します。

わかりやすいように、次のページに例を載せますので、そちらを参照しながらお読みください。

1 各馬の予想勝率を書いてみる

まず、そのレースに出走する馬が決定したら、全頭を一覧表にしてリストアップします。それから、それぞれの馬の勝率を書き込んでみましょう。

「予想フォーマット」の作り方

有馬記念2024

馬番	馬名	オッズ	予想勝率(%)	期待値
1	ダノンデサイル	4.0	25	100
2	ドウデュース			
3	アーバンシック	2.8	20	56
4	ブローザホーン	35.1	1.5	52.7
5	ベラジオオペラ	7.1	10	71
6	ローシャムパーク	17.2	5.2	89.4
7	スターズオンアース	17.6	4	70.4
8	レガレイラ	10.9	11	本命！ 119.9
9	ディープボンド	49.7	1.5	74.6
10	プログノーシス	16.4	6	98.4
11	ジャスティンパレス	10.9	9.1	99.2
12	シュトルーヴェ	108.1	0.5	54
13	スタニングローズ	27.1	1.7	46
14	ダノンベルーガ	122.4	0.6	73.4
15	ハヤヤッコ	57.1	1	57.1
16	シャフリヤール	30.1	2.9	87.3

※2番ドウデュースは「出走取消」のため未記入

1. 各馬の予想勝率を書いてみる
2. 想定オッズを書き込む
3. 勝率とオッズを掛け算する
4. 算出された％が最も高い馬を選ぶ

勝率は、「100%」を振り分けていく作業です。どれかは勝ち、どれかは負けるので、出走頭数が8頭だろうと18頭だろうと、**必ず勝率の合計は100%になる**ようにします。

2 想定オッズを書き込む

勝率を書いたら、各馬の想定オッズを書き込みます。オッズは刻々と変化するので、チェックして変わっていたら修正しましょう。

3 勝率とオッズを掛け算する

自分で出した勝率と、想定オッズを掛け算した数値を書き出します。これが期待値です。オッズが変わったら期待値も変わるので、馬券を買う直前までチェックしましょう。

4 算出された%が最も高い馬を選ぶ

あとはシンプルに、期待値の数値が最も高い馬を本命馬にすればOK。少なくとも、期待値が100％を超えていないと選ぶ意味がないので、注意しましょう。

勝率がいくら高くても、オッズが低いと期待値は100％を下回ります。そういう馬は、ときには潔《いさぎよ》く切る（買い目から外す）ことも必要です。

いかがですか？　思ったより簡単だったのではないかと思います。

フォーマットを作ると「期待値の高い馬」が可視化されるため、今までになかった視点に気づけたり、人気馬に目移りすることもなくなります。習慣化すれば、馬を見る力が着実についてくるので、非常におすすめです。

「結局穴馬ってこと？」——半分正解で、半分不正解

前述したように、1番人気の馬は往々にしてオッズが低いので、期待値的には勝負にならないことが多いです。

ならば、オッズが何十倍もつくような穴馬を狙えばいいのかというと、そんなこともありません。たとえオッズが100倍でも、勝率が1％未満なら期待値は100％

を下回ってしまうからです。

とはいえ、オッズの高い穴馬の期待値はやはり高めに出ますので、僕も以前は結果的に穴馬ばかりを狙っていました。

ところが、**最近は穴馬を狙う人が増え、自分が狙っていた穴馬が以前ほどおいしくなくなった**ように感じます。

逆に、穴馬に票が流れることで、人気馬に妙味が出てくるケースが増えてきているのです。

たとえば、勝率40％の人気馬がいたとして、以前なら2倍くらいだったオッズが、3倍ついていたりするのです。

勝率40％に対してオッズが2倍の場合、期待値は80％になるため、当然本命馬にすることはありません。しかし、オッズが3倍もつくのであれば、期待値は１２０％。これなら、十分本命になり得ます。

人気馬だから、穴馬だからで判断するのではなく、あくまでも期待値が高いかどう

か。常に冷静な判断をするためにも、この予想フォーマットは非常に大きな助けになります。

〝勝率をどう振るか〟こそが競馬のうまさ

これまで説明してきた通り、この予想フォーマットを活用するだけで、ある程度「競馬で勝てる人」に近づくことができます。

ただ、当然ながら「精度の低いフォーマット」を作っても、あまり意味はありません。重要なのは、いかにして「精度の高いフォーマット」を作り上げるか、です。

ここで〝キモ〟となるのが、「勝率」です。

オッズの部分に関しては自分が介入できる余地があまりないので、**「勝率をどう振り分けるか」こそが、競馬の腕の見せ所**といっていいでしょう。

勝率は馬の強さだけでなく、コースや距離、相手などによって毎回変わります。それゆえ、そうしたさまざまな要素を考慮しながら、慎重に、各馬に勝率を振り分けることが必要になります。

ただ、ここで非常に難しいのが、いくら経験やセンスを磨いても、**競馬はパチンコやスロットと違い、「答え合わせ」ができない**ことです。

何度もお伝えしているように、レースの結果というのは「10万回のうちの1回の結果」にすぎないので、自分が本命にした馬がきたところで、自分の予想が合っていたかどうかはわかりません。逆に切った馬がきたとしても、それだけで自分の予想がハズレだったということにはなりません。

ですので、自分の腕が上がったかどうかは、自分の競馬資金がどれくらい増えたか、つまり「回収率」を見ていく他ないのです。それも単発ではなく、長期で。

そう考えると、まあまあ難しく思えますし、先が遠いように感じるかもしれません。ですが、だからこそ**「期待値を追う」というシンプルな視点に戻ることが、何よりも大切**になります。期待値が高い馬とは、自分が評価していて、なおかつ、その自分の評価以上にオッズが高い馬のことです。

オッズが高いということは、世間からは評価されていない馬ということになります。つまりは「世の中的には評価されていない（オッズは高い）けれど、自分は強いと思う馬」を探せばいいのです。

短く言えば、**「周りの人が思っているより強い馬」を見つけていく**。これが、ナーツ式の期待値を追う競馬の心臓部分です。

僕が実践する「人が思っているより強い馬」の見つけ方は、第2章で詳しくご紹介しますので、ぜひヒントにしてみてください。

期待値は「その馬の勝率」と「オッズ」から導き出せる。「予想フォーマット」を活用して、実際に書き出してみよう！

なぜ、あなたは競馬で勝つことができないのか

「しっかり予想しても、なかなか当たらない。当たっても、そんなに大きく儲からない。結局、ジリジリと資金が減っている……」

こういうタイプの負け方は、とても多いと思います。
こうなってしまう理由は、極めてシンプル。
それは、**「人と同じ思考」で馬券を買っているから**です。

みんなと同じ発想をしていたら、当然、他の人との差は生まれません。
あなたがいいと思う馬は、他の馬券購入者もいいと思っています。これでは、おのずとオッズが低い馬を買うことになり、長期的には負け戦《いくさ》になります。少なくとも、

「周りの人が思っているより強い馬」には決して出合えません。

勝ちたいのなら、人とは〝逆〟をいく必要があります。みんなが見ていない点に注目して、予想を立てていく必要があるのです。

世の中と逆をいくためにはまず、「世の中の思考」を読みましょう。

そのヒントになるのが、「オッズ」です。オッズには、他の馬券購入者たちの思考回路がわかりやすく表れます。

たとえば「今、5レース連続で1番人気の馬が1着にきてる」となると、次のレースでも1番人気がやたら買われますし、「ダービーで穴馬がきた」となれば、翌週のＧⅠレースで、穴馬の人気が妙に上がったりします。

オッズはこうした〝大衆心理〟によって形成されるため、それに流されて本命馬を変更するのは本末転倒。オッズをどう理解するかが勝負を分けるので、ここで一度、オッズの基本をおさらいしておきましょう。

「オッズの仕組み」を理解しよう

日本の競馬のオッズは**「パリミュチュエル方式」**といって、その馬が買われた金額に応じて、オッズが変動するシステムになっています。買われた額が多ければ多いほど、オッズは下がる。少なければ上がる、という仕組みです。

その馬が強い、弱いではなく、あくまで**「馬券購入者が突っ込んだ額」でオッズが決まる**ので、たとえばそのレースで引退する馬が1番人気になったりするように、人気投票的な側面があります。

ちなみに海外は**「ブックメーカー方式」**といって、賭ける場を提供するブックメーカーが、「この馬はこのくらいのオッズが適正だろう」と、**先にオッズを決める仕組みになっています。**オッズが決まったら動かないので、僕的にはこちらのほうがやりやすいです。

あ、やりやすいといっても、日本では買えないので現地に行ったときだけですよ？

【パリミュチュエル方式】

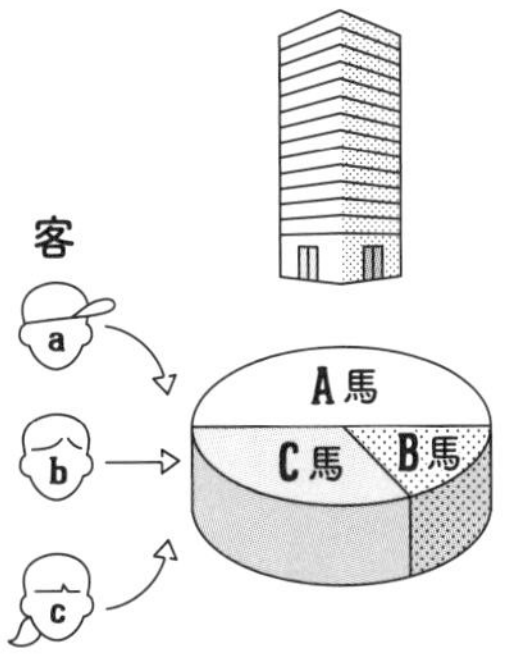

馬券購入者の投票金額に応じてオッズが決まる!

【ブックメーカー方式】

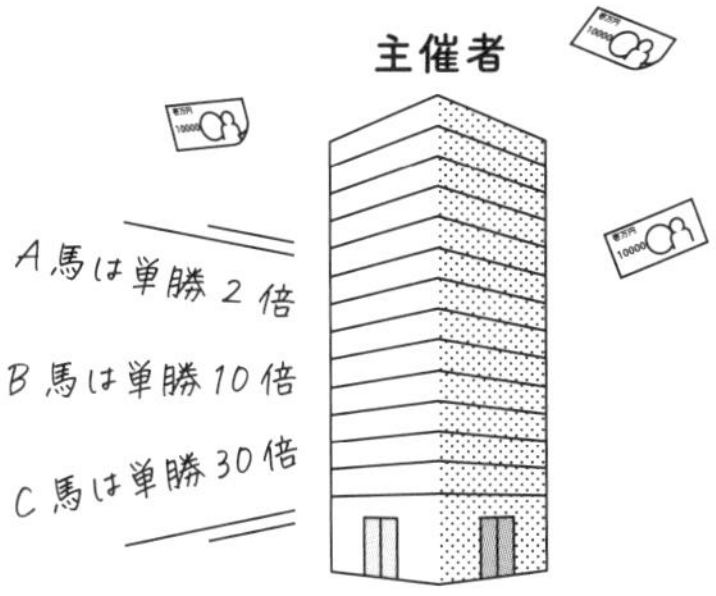

主催者が各出走馬のオッズを決める!

日本からオンラインで海外の馬券を買うのは違法なので（ＪＲＡで買えるレースは別）、ご注意を。

馬券が当たれば、オッズに応じて払い戻しがされます。このお金の出所は、馬券購入者たちが賭けた額です。

ただし、全額が払い戻しされるわけではなく、**胴元《どうもと》が一定額をまず取り、残りが払い戻しに充当される仕組み**です。胴元が取る割合を「控除率《こうじょりつ》」といい、ＪＲＡの場合は20～30％。海外は10％もないので、日本は払い出される金額がそもそも少なめ、ということになります。

よく、競馬を「対ＪＲＡとの勝負」と考えている人がいるのですが、**ライバルはあくまでも「他の馬券購入者」**です。

払い戻しは、勝者で分け合うかたちなので、勝者が多ければ多いほど取り分は少なくなる。だから、人と同じ発想で馬券を当てにいっても意味がない。**人と違う発想で予想し、少ない勝者で勝っていくことが、回収率を上げる秘訣**なのです。

大衆心理に流されず、むしろその逆をいくことが、「人が思うより強い馬」を探す上で、大きな、大きなポイントになります。

「外国人ジョッキーを狙え！」は、間違いです

大衆心理に流されないためには、できるだけ大衆心理に近づかないのがコツです。

具体的には、**「みんなが見る要素」はなるべく見ない**。たとえば、出馬表や競馬のサイトに載っている情報などがそうです。

特に「ジョッキー」は、ほとんどの人がチェックする情報なので、要注意です。

よく、「この騎手とは相性がいいから」とか、「外国人騎手を買っておけば間違いない」など、騎手で判断する人を見かけますが、それこそが〝大衆心理のワナ〟だということを覚えておく必要があります。

たとえば、ルメール騎手（フランス出身のJRA所属騎手。2015年にJRA通年免許取得後、10年間で7回ものリーディングを受賞している）はめちゃくちゃ上手いです。勝率も高いです。「ルメール騎手が乗る馬を買っておけば間違いない！」と、つい思ってしまうのもよくわかります。

ですが、そんな**ルメール騎手でも、実は2024年の単勝回収率は73%**なんです。あれだけ上手くて、いつも勝っているように見えても、回収率は7割程度。ということは、買い続ければマイナスになる。

意外かもしれませんが、数字が現実を物語っています。**いい騎手ほど大衆心理が動くので、気をつけるべき**なのです。

ちなみに僕の予想法では、騎手に関する情報は、良くも悪くもほとんど考慮しません。ルメール騎手だからと買うこともありませんし、ルメール騎手だから避ける、というわけでもありません。いい馬でも、ルメール騎手が乗るならオッズが下がってしまうのはやむを得ないので、「ちょっと期待値的に減点するかぁ」と思う程度です。

僕が「調教」を重視しない理由

「調教」も、騎手と同じくらい大衆心理に影響する大きな要素です。新聞などでも大きく取り上げられるので、調教師や陣営が自信たっぷりに「今回は、この馬が勝つと思うよ」とか、「120%の仕上がりだ」などとコメントを出すと、その馬の人気がグッと上がります。

実際に調教がよくてその馬の勝率が多少上がったとしても、情報によって人気が集まると、それ以上にオッズが下がってしまいます。**期待値的には不利になるので、僕は調教も予想にほとんど入れません。**

ただ、趣味的には見ます。動きやタイムを見て、純粋に調教がいいと思った馬には、

期待値的にあまり見なくていい要素

YouTubeで「調教ペガサス印」をつけて発表したりしています。ただ、自分の予想がそれで変わるということはないです。

実際、そういった「調教がいい馬」の成績がどうだったかというと、微妙なんですよね……。データから見ても**「調教がいいからといって、いい結果を出すわけではない」**ということを付け加えておきます。

調教に関するジョッキーのコメントも同じです。レース前に「この馬は、この距離が合っている」「今回は期待できる」などとコメントを出すと、やはり注目されます。みんなが「それなら勝ちそうだ」と思って買えばオッズが下がるので、いくら「いい」と言われても、回収率的には勝ちにくくなるわけです。

ジョッキーや調教師にとっては、自分の馬の状態がよければ「買い」なのかもしれませんが、それはオッズを度外視した発言であることに留意する必要があります。

ジョッキーや陣営は、馬の状態に詳しいのは間違いありませんが、**馬券を買うプロではない**ということを忘れないようにしましょう。

「血統」の研究なんて、しなくていい

「血統」も、大衆が注目する大人気ファクターです。見れば見るほど、大衆心理の沼にハマるので、予想に入れるとしてもわずかでいいでしょう。

たしかに、サラブレッドは能力や特性を親から引き継ぐ部分はあるのですが、そこを研究するより、その馬自身の能力を見るほうが、わかることは多いと思います。**血統については、ざっくりした特徴を知っておけば十分**です。実際、僕は予想全体の1%ぐらいしか血統を考慮していません。少なくとも、「ディープインパクトの子だから」など、血統をブランド的に見ることはしないです。

ただし、**みんなが注目していない「地味な血統」については、押さえる価値がある**と思っています。地味な血統というのは、ブランド的に有名ではないけれど、特定の条件下においては強みを発揮し、非常に高い回収率を叩き出す血統のことです。

たとえばこのクラス、この距離に限ってはめっぽう強い産駒《さんく》とか、親はスピード系だけど子どもはスタミナ系など、意外な強さがある産駒はあまり知られていないことが多いので、押さえておくと「期待値の高い馬」を見抜くヒントになります。

たとえるなら、外観は地味だけど実は頭抜けておいしい焼肉屋さん。知っておいて損はないので、これについては具体例を第2章でご紹介しますね。

雨になると注目される「重馬場適性」のワナ

雨になると注目される「**重馬場《おもばば》適性**」もまた、要注意な要素です。

雨の予報が出ると、重馬場に適性がある馬の情報で賑《にぎ》わってくるため、「一応、複勝で買っておくか……」などと考える方は少なくないでしょう。ですが、それこそが〝大衆心理のワナ〟です。

重馬場の適性は血統的な要素もあって、たとえば道悪《みちわる》時に強いとされる「ステイゴールド産駒」などは、雨のレースで売れまくります。そうなるとやはりオッズが辛くなり、期待値が１００％を超えなくなることが多いです。

そもそも、**過剰に人気になっている馬は、パリミュチュエル方式では買うだけ損な**ので、僕は切ります。

「パドック」や「返し馬」もしかりです。テレビの競馬中継番組でも放送されるので、それこそみんなが注目している危険要素といえます。

パドックは〝前走との比較〟にはなるんですが、おそらくそこをしっかり見ている人は、あまりいないと思います。発汗がどうとか、踏み込みがどうとか、落ち着き具合がどうのなどと言われますが、よほどパドックオタクの人ならともかく、騎手でも「パドック見ても何もわからん」と言う人もいるくらいなので、そんなに明確な情報があるとは思えません。

実際に良し悪しはあるにしても、オッズへの影響もあるので、パドックの解説に振り回される必要はないかなと思います。だいたい、「いいですねぇ」と評価されるのは、上位人気の馬ばかりな気もして、若干、違和感ありますし……。

「みんなが嫌う要素」は、むしろおいしい

大衆心理は、〝マイナス材料〟が出たときにも大きく動きます。ネガティブな情報の影響によって、その馬の人気が下がるのは、よくあることです。人気が下がるということはつまり、〝オッズ妙味が出やすくなる〟ということで、期待値的に狙い目です。

僕は、狙っていた本命馬の調教がイマイチとか、パドックがよくないという情報が出たら、ガッツポーズをします。期待値を重視する僕のスタイル的に、これは「おいしい」以外の何ものでもないからです。

では、大衆心理的に〝嫌われやすい〟要素には、どのようなものがあるのか。

代表的なものとして、**「海外帰り」**や**「休み明け初戦」**などが挙げられます。

海外帰りであれば、移動で疲れているんじゃないか、ストレスがかかって調子が上

がらないんじゃないか、と思われるわけですね。

休み明け初戦もそうです。まだレースの〝カン〟が戻っていないんじゃないか、状態がイマイチなんじゃないかと思われ、あまり人気が出ません。逆に、そこを通過した次走は「叩き2戦目」といわれ、過剰に人気が出たりします。

ですが、**「〝海外帰り〟や〝休み明け初戦〟は不利」というのは、ただの先入観にすぎず、その馬の調子が悪い根拠はどこにもありません。**前走が海外というだけで、期間は十分空いていて、調整がしっかりできている場合もあります。

競馬で勝つためには、こうした「先入観」に惑わされないことが、非常に重要です。

意外と知られていない「馬体重の秘密」

「みんなが嫌う要素」として、もうひとつ押さえておいてほしいのが、**「馬体重」**です。

競馬中継や競馬サイト、前述のパドックなどでも大きく取り上げられるため、多くの人が気にしてしまうファクターかと思います。

特に、「馬体重20キロ増」「馬体重15キロ減」など、前走から大きな変化があったときは、それだけでその馬の人気が下落する傾向があります。

ただ、結論から申し上げると、**馬体重が減ろうが増えようが、それによって買う馬を変えるのは得策ではない**です。

いったい、なぜか。ポイントは大きく2つあります。

まず大前提として、**馬体重の増減は、その馬の好走・凡走率にさほど影響を与えないから**です。

サラブレッドは、基本的に体重が500キロ前後ある生き物なので、たとえ10キロ・20キロ体重が変わったとしても、全体の5%以下の変動にすぎません。つい「こんなに体重が変わっているなんてヤバい」と思ってしまいがちですが、人間に置き換えれば2~3キロ程度の増減。馬にとっては、さほど大きな問題にはならないのです。

そしてもうひとつ、期待値的な側面から見ると、**馬体重は大きく変化したほうがむ**

しろおいしいからです。

僕は日ごろから、馬体重の変化がどのくらい回収率に影響を与えるかについて調べているのですが、そのデータによると、なんと「20キロ以上」馬体重が上下した馬の単勝回収率が118％という数値を記録していました。つまり、自分の買いたい馬の体重が極端に変化していたら、むしろ〝ラッキー〟だととらえるべきなのです。

しかし実際には、多くの人が「馬体重の変化＝マイナス材料」として考えています。

「人が思うより強い馬」は、こうしたイメージや先入観、大衆心理といったメガネを外さないと、見えてきません。

だからこそ大切なのは、いかに「自分の目」で競馬を見ることができるか。

次の章では、その「自分の目」の持ち方について解説していきます。

「いかに人と違う方法で予想するか」が、競馬で勝つコツ。
騎手・調教・血統などの〝人気ファクター〟に惑わされるな！

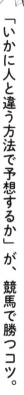

Column 1

覚えて1週間のポーカーで全国2位に！

2024年7月、JOPTという日本でいちばん大きなポーカーの大会に出て、いきなり2位になりました。ポーカーを始めて、まだ1週間。参加者は2691人。**プロも出ている大会で、優勝賞金はなんと2000万円！** 2位でも1300万円もいただくことができました。

なぜ僕が、覚えたてのポーカーでそんなに勝てたのか。

実は、**ポーカーも期待値がとても利くギャンブル**だからです。配られるカードで結果が左右されるので〝運ゲー〟のようにも見えますが、ゲームが進むうちに情報が少しずつ出てくるため、技術介入のできる余地が出てきます。

相手がどんな手を持っているか。また、相手から自分が「どんな手を持っているよ

うに見えているか」がわかってくると、自分の勝率も徐々に見えてきます。

「勝率が今このくらいあるから、このポットから得られる額は期待値あるな」と、勝負すべきタイミングがつかめてくるのです。

試合はトーナメント方式の勝ち残り戦。最後のほうになると、もはや〝ポーカーの甲子園〟みたいな感じで、強者《つわもの》しか残っていません。

ひとテーブル9人で戦うのですが、後半になるほど空気がピリついてくるのがわかりました。

なんせ、順位をひとつ落とすだけで賞金

が100万円ぐらい違ってくる大会。多くの人は「守り」に入り、ミスをせず、誰か一人落ちるまでひたすら待つ、といったスタンスを取っていました。

決して〝ビビっている〟のではなく、あくまでそれが、ポーカーのトーナメント戦を勝ち抜くための「定石《じょうせき》」なのです。


ただ、そんな中で、僕だけ何も気にせず、急に全額ベットしたりするので、みんな困惑していました。**「あいつはいったい、何をやってるんだ?」**と。

しかし、なにも僕はやみくもに賭けていたわけではなく、ちゃんと「期待値」のことを考えていました。ここで守りに入るのは損、攻めるほうが期待値的に高いリターンが見込めるという場面を見極めて、思い切って攻めたまでなのです。


まあ結局、決勝で負けてしまったわけですが、決勝も一生に一度いけるかどうかというレベルだそうで、非常にいい経験になりました。

競馬の期待値を磨くいい訓練になりますし、ポーカー、面白いです。ここから世界のポーカー大会にも、どんどん飛び込んでいきます! 新たな伝説をお楽しみに!

第2章

予想

期待値のある「本命馬」の選び方とは

期待値の考え方はわかった！
当てにいく競馬はもうやめよう！
でも……さすがに当たらなすぎる！
連敗
考え方はあってるけど予想の精度が低すぎるのか…？
今日もナーツさんは穴馬を本命にして爆勝ちしてるし…
外回した馬次走狙えるな
メモ
メモ
でもこの馬、馬柱見ても全然強そうに見えないんだよな……
ナーツさんはどこを見て馬の強さを判断しているんだろう
じーっ

馬柱だけ見てても勝てないよ
この人心の声まで読めるのか…？
スケスケ〜
3戦連続1着!?
こんな馬柱見せられたら買うしかないでしょ！
イルマさんはああ言ってますけど…
あいつの言うことは聞いちゃダメだよ(笑)
でも馬柱以外に予想の材料ってあんまりなくないですか？
いやめちゃめちゃあるよ
たとえば…「レース回顧」とか
レース回顧……!!
…ってなんだ？

重視すべきファクターは〝3つ〟だけ

前章で、期待値のある馬と出合うには、「人が見ていない要素」に着目することが重要だとお伝えしました。実際僕は、血統も、調教も、パドックもほぼ見ません。ではいったい、何をどのように見て、予想を立てればいいのか。僕が重視する要素は、主に次の3つです。

①馬の能力（&適性）
②競馬場・コースの特徴
③展開（枠・トラックバイアス）

細かいポイントはもっとありますが、大きくはこの3つで、これらを複合的に見て、予想フォーマットの勝率を弾き出します。

3つのうち、**僕が最も重視するのが、①の「馬の能力」**です。

能力とは、馬そのものが持つ強さのこと。僕は、馬の能力は勝率に最も大きく影響すると考えているので、その馬が「もともと何点ぐらいの力を持っているのか」を常に意識して見るようにしています。

この、馬の能力を「正しく」見極めるために有効な**「レース回顧」**の方法については、88ページ以降で解説します。

②の「競馬場」は、中央競馬だけで10か所あり、それぞれコースのレイアウトが異なります。レイアウトによって内前有利か外差し有利かなどが違ってきますし、それだけで勝負が決まるレースもあるほどです。**コースの知識は、あればあるほど予想に有利**といえます。

③「展開（枠・トラックバイアス）」も、かなり重視しているポイントです。

なぜなら、**展開によって、レースを有利に運べる馬・不利を受ける馬というのが変わってくる**から。そしてその肝心な展開は、どの馬がどの「枠」に入るのかによっても、大きく変わってきます。

本章では、これら3つのファクターについて、それぞれ詳しく解説していきます。多くの人が気づいていないポイントをたっぷり詰め込んだので、コツコツ磨けば大衆心理を出し抜け、大きく勝てるチャンスが広がりますよ！

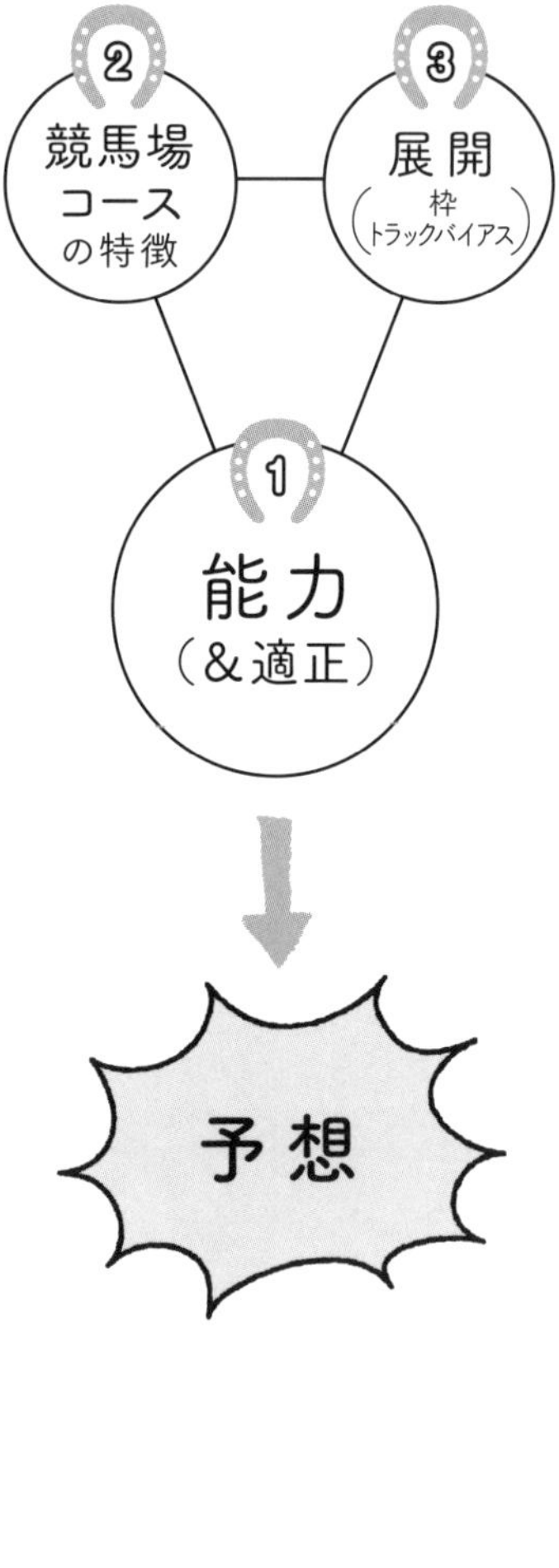

1 馬の能力（&適性）

予想を立てる上で最も大きな柱になるのが、その馬が持っている「能力」です。**能力とは、その馬の持つ絶対的な力のこと。**たとえばイクイノックスを100点とするとこの馬は何点ぐらい……という感じで、尺度をつけて点数化するイメージです。

能力とは別に、そのレースに対する馬の「適性」というものもあります。**適性とは、いわば持っている能力をどのくらい引き出せるか**を表すものです。こちらは点数ではなく、「割合」で考えます。たとえば、馬本来の能力は80点あるけれど、そのレースに対する適性は70％ぐらい……という具合です。

どちらの要素も「予想」において非常に重要であるにもかかわらず、その重要性や判断方法についてしっかり理解できている人は、あまりいません。ここからは、予想の〝キモ〟である「能力」と「適性」について、みっちり解説していきます。

あえて言おう。競馬は「馬の能力」が9割である

「競馬の勝敗を左右する最も重要な要素は、〝馬の能力〟である」

これは、僕に言われるまでもなく、多くの方が思っていることかと思います。

ただ、だからこそ、僕は皆さんに問いたい。

「いちばん重要な〝能力〟というファクターを、
本当に、いちばん重視できていますか？」

多くの人は、「能力」の重要性を理解していながらも、「他の予想ファクター」に過剰に気を取られてしまっています。他のファクターとは、これまでにも登場した「騎

手」「調教」「血統」などのことです。

もしあなたが今、競馬で勝てていないなら、もしかするとその原因は、こうした**「能力以外の要素」を重視しすぎている**からかもしれません。

こうして、あなたの「予想」はブレていく

わかりやすく「ラーメン」を例に考えてみましょう。

ラーメンの「おいしさ」を決める要素は、麺、スープ、トッピング（具材）……など、たくさんあります。すべてのクオリティが高いのが理想ですが、なかなかそうもいきません。

では、その肝心な「ラーメンのおいしさ」を決めるいちばん大きな要素とは何か。

人によって好みもあるかと思いますが、やはりいちばんは「麺」ではないでしょうか。

どんなにトッピングがおいしかったところで、麺がマズければ、すべて台無しです。

競馬における「馬の能力」とは、まさにこの「ラーメンにおける麺」に相当します。もちろん、他にも重要な要素はあるのですが、能力こそが、「馬の強さ」を決めるいちばん大きなファクターというわけです。

ただ多くの人は、この**いちばん重要な「能力」を過小評価しすぎています**。逆に「トッピング」の部分、つまり「騎手」「調教」「血統」といった要素を、過剰に評価してしまっているのです。

「そんなことない！」と思った人も、一度自分の胸に手を当てて、思い返してみてください。

「この馬強いけど、○○騎手が乗るなら買うのやめとこ」
「この馬強いけど、追い切り微妙だったから相手までに」
「この馬強いけど、もう8歳だし斤量《きんりょう》59キロはきつい」

など……。

こうやって予想を変えてしまった経験、ありませんか？

もちろん、こうした要素を〝迷ったときのひと押し〟程度に使うなら問題ないです。追い切りがよかったり、優秀なジョッキーが騎乗するのであれば、当然、多少なりとも勝率は上がりますからね。

しかし、騎手が誰であっても、追い切りが微妙でも、斤量が不安でも、結局いちばん大切なのは「その馬の能力」です。他の要素はあくまで〝スパイス〟程度にすぎませんから、考慮するにしても、せいぜい全体の1割くらいが妥当でしょう。

「競馬は馬の能力が9割」ということを、どうか深く胸に刻んでおいてください。

「能力」と「適性」、より重要なのはどっち？

「能力」の重要性について解説したところで、次は**「適性」**の話をさせてください。

サラブレッドは生き物ですから、人間と同じで「個性（向き・不向き）」があります。

スタミナやパワーに優れた馬もいれば、スピードに優れた馬もいる。器用さが売りの馬もいれば、不器用だけど脚力はピカイチ、といった馬もいます。

たとえ能力が同じでも、得意なフィールドで戦えば能力を最大限発揮できるし、逆に苦手なフィールドでは実力を出しきれなくなる。これが「適性」です。

「能力」と「適性」、どちらも予想において重要ですが、より重視したいのは能力です。

いったいなぜか。イメージしやすいように、例を挙げてみましょう。

たとえば、能力と適性が異なる2頭の馬がいたとします。

Aは80点の能力があり非常に強い馬だが、今回出走するコースの適性は7割くらいしかない。一方Bは、能力がAよりも低く50点しかないが、今回のコースは能力を100%出し切れる。……すると、それぞれの最終的な点数は次のようになります。

- A：80点（能力）×70%（適性）＝56点
- B：50点（能力）×100%（適性）＝50点

結果はAの勝利。このように、たとえ適性面でBがAを上回っていても、能力にしっかりと差があると、やはり地力が上であるAが勝ちます。

これは裏を返せば、能力が拮抗《きっこう》している馬同士であれば、適性面の差が大きくレース結果を左右するということ。そういう意味では、「適性」も重要な予想材料のひとつであることは間違いありません。

とはいえ、やはり**適性がどれほどあっても、もととなる能力が低ければ勝負になりません**。ですから、それぞれの馬の能力を「正しく」見極めることが重要なのです。

では、どうやって各馬の能力を見極めればいいのか。正直、競馬はレースの相手や条件が毎回違うため、明確に能力を点数化したりするのは難しいのですが、それでも有効な手段はあります。それが、次にご紹介する「レース回顧」です。

予想でいちばん重要なのは、「馬の能力」。他の要素は〃おまけ〃程度にとらえればOK！

とにかく「レース回顧」を徹底せよ

僕が馬の能力、そして「期待値のある馬」を見極めるために採用しているのが、**「レース回顧」**です。

レース回顧とは、読んで字のごとく、過去のレース映像を振り返ること。僕は**レース回顧に勝る予想材料はない**と思っています。

その馬の強さを見たいなら、血統や調教を調べるより、現実にどんなレースをしたのかを見るほうが早いです。また、レースを見ることで、着順だけではわからない、さまざまな情報を得ることができます。

なんと言っても、「みんなが見ている要素」ではないのが、大きな強みです。

僕は、出走馬の過去のレースは、すべてチェックしています。18頭立てのレースなら、18頭をすべて、デビュー戦から全部、です。

今はその蓄積があるので、予想を立てる際は「気になるレース」を見返す程度ですが、それでも前走は必ず見ます。さらに参加していないレースも含め、1日12レース、3会場で36レースあれば36レースすべてをほとんど毎日見ています。そのくらい、レース回顧は重要だと考えているのです。

もちろん、平日会社で働いている人はここまでする時間はないと思いますが、それでも、レース回顧は自分のできる範囲でコツコツと続けておくことをおすすめします。なぜなら、**レースは見れば見るほど頭の中に「貯金」ができて、予想の精度もスピードも上がる**からです。

僕や誰かの予想を参考にしてもいいのですが、〝自分の目〟で馬を見て、本命馬を考えるプロセスを重ねることで、確実に力になります。1年も継続すれば、他の馬券購入者と圧倒的な差をつけられるのは、間違いありません。

「どう強いか」まで言語化できる人は強い

レース回顧のメリットのひとつは、その馬の強いポイント、弱いポイントが具体的に見えてくることです。

たとえば、ディープインパクトやイクイノックスは、歴史的に見ても強い馬として有名ですが、彼らの〝何が強いのか〟までわかっている人はあまりいません。

その馬が〝どう強いのか〟まで語ることができれば、どんなレースでは狙うべきで、逆にどんなレースでは評価を下げるべきかを判断できるようになります。

たとえば、2023年の有馬記念を制したドウデュースも非常に強い馬ですが、実はドウデュースが勝っているのは、すべて「時計or上がりが速かったレース」という共通点がありました。

このことを知っていれば、「時計がかかりそうなレース」では思い切ってドウデュースを切るという戦略も立てられ、よりシャープな予想ができます。

「振り返りメモ」が「期待値の高い馬」を教えてくれる

その馬の強さについての具体的な気づきを忘れないように、**僕はレース回顧をしたら、必ずメモを取っています。**これ、めちゃくちゃおすすめです。

そうは言っても、どのようにメモを取ればいいのか、なかなかイメージしづらいところもあると思いますので、この本では特別に、僕の「レース回顧メモ」を公開しちゃいます！　次のページに、2023・2024年の有馬記念で僕が実際に書いたメモを載せているので、ぜひ参考にしてみてください。

1頭につき1行程度と簡単なものですが、これが増えてくると、自分だけの「馬のデータベース」ができます。

自分だけが知っているポイントがあればあるほど、そのレースで**「人が思うより強い馬」、すなわち「期待値の高い馬」を探す武器になる**のです。

必ず「メモ」を取るべし！

単勝シェアの標準偏

★3 | ★4 | ★5 | ★6 | ★7 | ★8 |

回るロスがながらの差し切り 叩き良化型らしく秋3戦目で更にパフォーマンスを挙げた
ル ただ初角で外を回って位置を取りに行くのは負荷が大きく内枠ならこの馬が勝っていたかも
中を届けてくれました 去年一昨年でこの枠を引ければ... 感動をありがとう
等かそれ以上の強い競馬 理想は長距離だが差しが届くレースなら中距離でも最強クラス
レコードで勝利した馬で時計が速い今日のような馬場は理想的だった 完璧な競馬で力負け
ただあれが無くても４着争いだったはずで戦前の読み通り今年の３歳世代はやや低調か
命も考えた程で今日も決して恵まれた訳ではない中で大健闘の７着 感動をありがとう
ずバテず ゴチャ付く競馬は合わないので皐月賞のような外差しが届く馬場・展開が理想
ので力負け 今年のＧ１全てで馬場・展開が向いているので過剰評価禁物
的にも何度もお世話になった馬 お疲れ様でした
けず 内有利の馬場を味方につけたので力負け
痛恨 ６歳春で引退＝最初で最後の有馬記念だっただけにいい枠を引かせてあげたかった
上に内有利の馬場で後方外回しの厳しい競馬 メンバーレベルも高かったし度外視気味でいい
だったので力負けか
と共にズブさが増しておりこれまで以上に時計・上がりの掛かる馬場が理想
にメンバーレベルも高かったので仕方の無い敗戦

単勝シェアの標準偏差 7.4

| ★4 | ★5 | ★6 | ★7 | ★8 |

開を味方につけた鞍上の好騎乗 折り合い不安が無いので距離はあればあるだけいいタイプ
無しの２着 内容は勝ち馬以上で引退するのが勿体無い
負け ただ今日逃げてしまった事で次走以降折り合いの不安が付き纏う
能性が高く2000m前後の小回り・内回りコースがベスト
りを下げる不利 今年の秋は噛み合わない競馬が続いたが能力は依然国内最強クラス
ず スタートが痛恨だったしそもそも不器用な馬で中山は合っていない 広いコースや少頭数が理想
競馬で0.5秒差 能力はG1級だがかなり乗り難しい 距離短縮や内枠を利して折り合いがつけばG1でも
ていた様にベストはやはり左回り
ない 直近２戦はどちらも強敵相手に展開不利なので評価は下げなくていい G2なら能力上位
折り合い面から2500mは距離が長く不器用な馬なので中山も合っていない 距離短縮&広いコースで
とハイペースになったりタフな馬場が理想
で右にもたれていた事から、実績通り左回りの消耗戦がベスト

「レース回顧」をしたら、

2023年有馬記念

2023年12月24日（日） 5回中山8日目 天候：晴 馬場状態：良 15:40 発走 WIN5 [5]

11R 第68回有馬記念（ワイド5%UP/予定）

3歳以上・オープン・G1(定量)(国際)(指定) 16頭立 コース図 芝 2500m (A)

成績 | 血統他 | 前走 | 次走 | 上り | 全コメ | 結果コメ | 予想コメ | 馬コメ | C馬コメ | KOLコメ | K次メモ | 最新成 ★1 | ★2 |

着	枠	馬	馬名S	結果コメント
1	3	5	ドウデュース	出遅れ 序盤は秋２戦同様折り合いを欠きながら 内有利馬場で大外を
2	8	16	スターズオンアース	強気に位置を取って正面スタンドではイン２の絶好位 さすがルメー
3	2	4	タイトルホルダー	最後の最後までタイトルホルダーらしさを見せてサノバに330万円的
4	5	10	ジャスティンパレス	内有利の馬場で最後方大外回しの厳しい競馬ながら４着と勝ち馬と同
5	1	2	シャフリヤール	今日の時計の速い内有利馬場を味方に付ける競馬 ダービーを当時の
6	7	13	タスティエーラ	内有利馬場で終始外を回された上に直線でジャスパレに進路をカット
7	6	12	ウインマリリン	この馬が有馬記念に出てくるのを４年間待っていました 内枠なら本
8	1	1	ソールオリエンス	スタートで出遅れて後方の内目でじっと我慢 直線馬群を突くも伸び
9	6	11	ハーパー	今日の時計の速い内前有利の馬場を思えば完璧とも言える競馬だった
10	2	3	ホウオウエミーズ	今日の内有利の馬場で最後方大外回しの厳しい競馬 道悪巧者で個人
11	4	7	アイアンバローズ	逃げ宣言をしていたが早々に外から被されて結果ラチ沿いで動くに動
12	8	15	スルーセブンシーズ	外枠で壁が作れず折り合いを欠きながらの競馬 今日はとにかく枠が
13	4	8	ライラック	上がりの掛かる競馬を好む馬なので今日の時計の速い馬場は合わない
14	7	14	プラダリア	今日の時計の速い内有利の馬場を味方に付ける好位からの完璧な競馬
15	B3	6	ディープボンド	想定していた内前のポジションを取れず３角手前からステッキ 加齢
16	5	9	ヒートオンビート	今日の時計の速い内有利の馬場で終始外々を回る厳しい競馬だった上

2024年有馬記念

2024年12月22日（日） 5回中山8日目 天候：晴 馬場状態：良 15:40 発走 WIN5 [5]

11R 第69回有馬記念

3歳以上・オープン・G1(定量)(国際)(指定) 16頭立 コース図 芝 2500m (A)

成績 | 血統他 | 前走 | 次走 | 上り | 全コメ | 結果コメ | 予想コメ | 馬コメ | C馬コメ | KOLコメ | K次メモ | 最新成 ★1 | ★2 | ★3

着	枠	馬	馬名S	結果コメント
1	4	8	レガレイラ	やや出遅れたが内枠活かして好位インの絶好位から押し切り　馬場・展
2	8	16	シャフリヤール	内前有利の馬場と展開で終始外を回される非常に厳しい競馬でタイム差
3	1	1	ダノンデサイル	内前有利の馬場と展開の両方を味方に付ける完璧な競馬　今日の所は力
4	3	5	ベラジオオペラ	内前有利の馬場と展開が向いたので力負け　ただ2500mは距離が長い可
5	6	11	ジャスティンパレス	内前有利の展開が合わなかった上に４角で前の馬が下がってきて位置取
6	2	3	アーバンシック	出遅れ　内前有利の展開の中団インと悪くない位置だったが伸びずバテ
7	3	6	ローシャムパーク	道中暴走気味に折り合いを欠いた上に内前有利展開で大外を回るきつい
8	7	13	スタニングローズ	内前有利の展開が向いての敗戦で力負け 今日が引退レース
9	7	14	ダノンベルーガ	内前有利の展開が全く合わなかったので評価下げず　直線で右にもたれ
10	B6	12	シュトルーヴェ	内前有利の展開で後方から大外を回る厳しい競馬だったので内容は悪く
11	5	10	プログノーシス	スタートで大きく出遅れ　道中もかなり折り合いを欠いており自滅の形
12	2	4	ブローザホーン	内前有利の展開合わず　上がりが掛かれば掛かるだけいい馬なのでもっ
13	5	9	ディープボンド	内前有利の展開が向いての敗戦で力負け　これが引退レース
14	4	7	スターズオンアース	内前有利の展開が向いての敗戦で力負け　これが引退レース
15	B8	15	ハヤヤッコ	内前有利の展開合わず　道中かなり折り合いを欠いていた上にコーナー
消	1	2	ドウデュース	

ちなみに僕は、JRAが提供している「TARGET」というソフトを利用していますが、メモを取る方法や媒体は、別になんでも大丈夫です。

僕が予想をするときは、まずこのメモを振り返るところから始めています。かれこれ10年ほど、レース回顧とメモを続けていて、忘れたことはありません。「レースの貯金」が膨大にあるため、今では出馬表を見るだけで、それぞれの馬が何%ぐらいで勝つのか、勝率が脳内でバーッと数値化されるまでになりました。

まずは「前走だけ」でも見るクセをつけよう

参戦したいレースが決まったら、出走する馬について、まずは前走だけでもレース回顧をしてみましょう。

週末のGⅠやGⅡしか参戦しない人は、そのクラスの前走だけで構いません。できれば4レースくらい前まで見るのが理想ですが、時間もかかりますし、頑張りすぎて挫折したら意味がありませんから。

前走だけでもいいので、レース回顧は継続することが大事です。続けることで、だんだんとレースを見る目が養われ、1回で受け取れる情報量も増えてきます。なので、まずは生活に無理のない範囲で、取り入れてみてください。

たとえば、会社員の方なら通勤時間やちょっとした待ち時間、寝る前にぼんやりスマホを見ている時間などを使えば、1日に2~3レース見ることは十分可能だと思います。週末の重賞レースであれば、月曜日から1日数頭ずつチェックすれば、十分間に合うでしょう。

大きなレースの動画であれば、ＪＲＡやネットケイバのサイトにストックがあります。馬名などで検索しても、過去のレース動画は上がってくるので、探す苦労はさほどないはずです。

「期待値の高い馬」を探し出すのに、「レース回顧」は超有効。1日1レースだけでも、レースを見返す習慣をつけよう！

「見た目以上に強い」馬に着目する

馬の能力を見る際、「人が思うより強い馬を探すこと」が重要と言いました。そのためにレース回顧をするわけですが、気をつけないとすぐ、何馬身差もつけて圧勝するような**「見るからに強い馬」**に惑わされます。こういう馬は、「周りの人も強いと思っている馬」なので、要注意です。

期待値の高い馬を探すには、**レース結果だけを見れば凡庸《ぼんよう》で、世の中からあまり評価されていない馬**。こういう馬に注目する必要があります。

「馬柱」だけで判断していませんか？

一般に、馬の能力を推し量るときに見るのが「馬柱」です。数レース前までの成績

【ハデな馬柱】

着順	レース名	人気
1着	有馬記念	**1人気**
1着	天皇賞(秋)	3人気
2着	日本ダービー	**1人気**
1着	皐月賞	2人気
1着	共同通信杯	4人気

【地味な馬柱】

着順	レース名	人気
4着	金鯱賞	4人気
5着	アメリカジョッキーC	2人気
6着	天皇賞(秋)	5人気
3着	毎日王冠	4人気
2着	新潟大賞典	**1人気**

を見て、3着以内に入っている馬なら強い、そうでないなら弱いと、無意識のうちに識別している人も多いのではないでしょうか。

馬柱では3着以内だと色がつき、4着以下はつかないので、どうしてもそのような認識になります。上がりのタイムも同じで、1~3位は色がついて目立ちますが、それ以外の馬は「その他大勢」のような印象になりがちです。

ですが、6着や7着でもトップとタイム差のないレースをしたかもしれないし、圧勝の1着でもたんに相手のレベルが低かっただけの可能性もあります。**馬柱だけでは、「見た目以上に強い馬」は見えてこない**のです。

そもそも馬柱はみんなが見ているので、これだけで評価していると、大衆心理から抜け出せないというリスクもあります。

では、何を見ればいいのかというと、レースの具体的な内容です。着順ではなく「着差」の秒数を見たり、相手のレベルを確認したりします。

同じ
2着でも…
※目安

―勝ちに等しい（0・0差）
―惜しい競馬（0・1〜0・3差）→**価値が全然違う！**
―大きく離される（0・4〜）

着順を見る場合も、その馬に向いた展開だったなら、過剰にいい着順の可能性もあります。その場合は、着順はよくても、能力面でちょっと減点したりします。

そうやって細かく見ていくと、

「この馬7着だけど、そんなにトップと実力差はないのではないか？
むしろ、この馬のほうが強くないか？」

と思える馬が見えてくるのです。

そういう「見た目以上に強い馬」と出合うために、僕がレース回顧で最も注目するのが、次にご紹介する「道中の不利」です。

「道中の不利」をチェックせよ！

レース中に他の馬と接触するなどの不利を受けると、その馬は本来の力を発揮するのが難しくなります。しかし、そうしたハンデのある状況でもいい走りをした馬は、能力が高いと判断できる。ですから、僕はレース回顧では、その馬がどんな不利を受けたかをまずチェックします。

ただし、同じような不利であっても、**「重視すべき不利」**と**「軽視すべき不利」**の2種類が存在します。

後者の代表例は、レースの「最初」と「最後」に受けた不利。これらの不利はわかりやすくて、多くの人が見ているため、あまり気にしません。

たとえば、**「ゲートから出る瞬間」**はみんなが見ています。スタートが出遅れて負けると、「今回は出遅れて負けたけど、ちゃんとスタートを切れていたら勝てたかも」という大衆心理が働きます。結果、次のレースは過剰に人気が出てしまうので、こうした不利は無視します。

そもそも、スタートで出遅れる馬は割と何度も出遅れるので、僕はスタートの出遅れを次のレースのプラス材料にすることはありません。

「ゴール前で受ける不利」もそうです。最後の直線はいちばん盛り上がるので、ここで接触したとか、前に壁ができて抜けられなかったなどの不利は、誰の目にも留まります。

新聞にも「不利あり」などと表記されるので、「これさえなければ勝っていたかも」と、大衆心理が働く要因になります。なので、加点材料にはしないのです。

ではどこに注目すべきかというと、**みんながスルーしてしまいがちな「道中の不利」**です。

軽視すべき不利

1 出遅れ

2 ゴール直前での接触や前が壁になる不利

重視すべき不利

1 外を回される

2 両サイドの馬に挟まれる

3 砂をかぶる

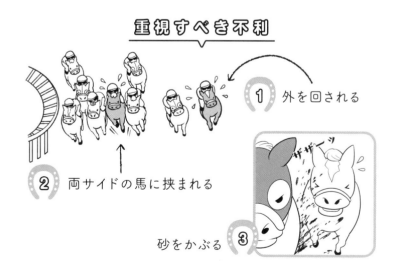

1コーナー、2コーナーを曲がって直線を走り、4コーナーに入るまでの「道中」は、これといった〝ドラマ〟が起こるわけでもないので、じっくり見ている人はあまりいません。レース回顧をする人でも、「道中に関しては飛ばしてしまう」ことは多いのではないでしょうか？

だからこそ、ここでの不利に気づけると、大衆心理の裏をかくことができます。

期待値が高まる「道中の不利の見つけ方」

道中の不利は、みんなが見ていないからというだけでなく、単純に〝ハンデとして大きい〟ことも、注目したい理由です。

最後の直線で馬が存分に能力を出せるかどうかは、どんなポジションで最後のコーナーを抜けるかが決め手といわれています。騎手の中には、**「競馬は道中で決まる」**と言う人もいるほどです。

では、道中で受ける不利には、どんなものがあるのか。

その代表的なひとつが、**「外を回される不利」**です。

走りやすい芝のコースの場合、距離ロスが少ない内側のコースを取れると、かなり有利になります。外を回されるとその分、必要以上に長い距離を走らされることになるため、みんな内を取りたがります。

ですので、内側が混雑していたなどで外を回される不利を受けたにもかかわらず、上位と秒差がないなど好走した馬というのは、注目に値します。

特に、**コースレイアウト的に内有利の競馬場で、外を回された馬がいい走りを見せたときは激アツ**です。たとえ4着、5着でもトップとタイム差がなければ、実力はトップの馬以上と見てもおかしくありません。

ただし、「外を回らざるを得ない馬」も一定数存在するので、注意が必要です。近年でいえば、メイケイエールやソールオリエンスといった馬が該当します。

こういった馬は「外を回ってしまう」こと自体をその馬の能力だと思って見たほうがいいです。「これ、内を走ってたら勝てたな」と思ってしまいがちですが、毎回外を回る馬は内枠を取っても外に行ってしまうので、不利としてカウントしないほうがいいでしょう。

本当にチェックすべきなのは、**内を走れるのに外を回されて、それでもいいレースをした馬**です。こういう馬が、次に内有利のレースで内枠に入ったら、人が思う以上に強い走りを見せてくれる可能性が高いので、僕なら狙いたくなります。

「両サイドの馬に挟まれる」のも、道中の不利です。

詰まって身動きが取れなくなると、思うような競馬ができなくなります。スタートの出遅れはみんな見ていますが、そのあとに挟まれる不利を受けた馬は、意外と注目されていません。なので、こうした不利の影響で力を発揮しきれなかった馬は、次のレースで注目してみます。

ダートの場合は、「砂をかぶる」不利を見ます。

ダートも芝と同様に内枠のほうが有利と思われがちですが、ダートの内枠は砂をかぶりやすく、馬によってはかなりストレスを受けます。中には、競馬するのをやめてしまう馬もいるほどなので、**ダートのレース回顧では、砂をかぶるのがOKな馬かど**

うかをチェックするのがポイントです。
砂をかぶっても平気な馬なら、内枠で買える。砂をかぶるのが苦手な馬の場合は、次回ダートで外枠に入ったときに狙えるかなと考えたりします。

「相手関係」をしっかり確認しよう

レース回顧では、**どのくらいのレベルの相手と走ってきたか**のチェックも大事です。前述したように、たとえ1着でも「たんに相手が弱かっただけ」ということはよくありますし、逆に「負けはしたけど相手のレベルが高かった」ということもあります。

たとえば「重賞レース」と一口に言っても、必ずしもレースのレベルが高いわけではありません。特に2歳戦の重賞などは、たった1勝しただけで参加できたりするので、馬の実力的には未勝利戦とそんなに変わらないことが多いです。また、同じＧⅠレースなのに、昨年と今年でまったくレベルが違うということもよくあります。

だからこそ、**レース名や肩書に惑わされず、たとえレースとしての格は高くなくて**

も、強い馬に勝ったり、不利を受けながらもいい勝負をしたりした馬を、フラットに評価すべきなのです。

相手のレベルを意識して見るようになると、「前回は強い相手の中で5着だったけれど、今回はレベルが下がっているから勝てそう」といった視点を持てます。

道中の不利や相手関係を見て、それをどれくらい足し算、引き算するかの明確な指標があるわけではないのですが、レース回顧を積んでいけば、感覚的にできるようになってきます。

たとえば、2024年のGⅡ京都記念で8着となったルージュエヴァイユは、「外を回される不利」を受けての8着でした。次のGI大阪杯では、この着順が響いてまったく人気せず、なんと11番人気。前走の京都記念では2番人気にまで支持されていたにもかかわらず、です。

しかし、大阪杯のメンバーを見ると強い馬が不在だったため、僕は相対的にこの馬の実力が押し上げられると予想し、YouTubeでも「期待値の高い穴馬」として取り上げました。結果は、トップとタイム差なしの3着。見事、馬券内に食い込むことができたのです。

このように、**「不利＋相手のレベル」を見ていくだけでも、予想の腕は間違いなく上がっていきます。**

このとき、「GⅡで8着の馬が、GⅠで馬券内にくるわけない」といった単純な思考で予想をしてしまうと、こうした〝期待値のある馬〟を見逃してしまいます。

そうならないためにも、できるだけレース回顧の経験を積んで、いろいろな馬の強さを知っていく必要があるのです。

相手のレベルを見る際、馬柱などで「前走のタイム」をチェックすると思いますが、タイムに関しては、その日の馬場の状態によっても変わるので、一概にいい、悪いは判断できません。タイムが出やすい馬場なら、みんな速くなるからです。

能力的に速いかどうかを見るなら、その日に行なわれたレース全体を見て、その馬がどうだったかを比較するべきでしょう。

僕が単勝58倍の大穴馬「ポタジェ」を本命にできたワケ

前走では不利を受けて負けたけれど、これは強いかもと目をつけた馬で大勝ちできた最たる例が、2022年の大阪杯です。

僕が賭けたのは、**8番人気のポタジェ**。単勝オッズは58倍もつき、単勝に3万円を賭けていた僕は1700万円以上の払い戻しで、見事「帯（100万円以上の払い戻し）」獲得となりました。

ポタジェはまず、見た目的に強そうには見えない馬です。強烈な末脚《すえあし》があるわけでもないし、馬柱でいえばGⅠやGⅡで4着とか5着ばかり。そこそこ強いので複勝では買われるけど、単勝を買う人はあまりいない。

華がないというか、なんとなく地味な馬、というのが大衆のイメージだったと思います。

ですが、大阪杯の前走であるＧⅡ金鯱《きんこ》賞では、内前有利のレースで後方から大外を回される不利を受けながら、最後の直線で猛追し、３着にほぼ並んで４着に入る激走を見せました。

後ほど解説しますが、**金鯱賞が行なわれるのは中京競馬場で、ここはめちゃくちゃ内有利なコース**です。ここで外を回される不利を受けてタイム差がほぼないのは、シンプルに相当強いと思いました。

この金鯱賞で馬券内にきたのは、まさにその有利な内枠に入り、内側をロスなく走ったジャックドールとレイパパレ、アカイイトの３頭でした。

相手関係を見ても強いですし、しかも相手は有利な内を取っている。いわば、コースの恩恵を受け能力以上の走りを見せたといってもおかしくなく、厳しいコースを走らされたポタジェのほうが評価できると僕は感じました。

にもかかわらず、ポタジェは次走の大阪杯ではまったく人気しませんでした。金鯱賞で上位に入った３頭が出走したため、そちらが注目を浴びたのです。さらには、ＧⅠ３勝馬のエフフォーリアも出走し、圧倒的な人気を集めていました。

ただ、僕から見れば、ポタジェは金鯱賞で〝いちばん強い競馬をした〟と言っても過言ではない馬。しかも外だけじゃなく内も使える馬です。それなのに、他の馬に人気が集中して、ポタジェがスルーされていることに違和感がありました。

違和感は妙味。まさにこのときのポタジェは、「見た目より強い馬」「人が思うより強い馬」でした。

ここでポタジェに賭けるのは、期待値が非常に高いと踏み、本命馬に選んだというわけです。道中の不利を見つけ、大衆心理の逆をついて勝った、まさにお手本のようなレースだったと思います。

初心者は〝ここをチェックする〟だけですぐ有効

レース回顧では「道中の不利」や「相手関係」のチェックが大事ですが、慣れるまではなかなか難しいかもしれません。

そこで最初のうちは、次の2つのスペックに該当する馬がいないか見てみましょう。

大衆心理の裏をかき、おいしい馬に出合える可能性が高いです。

芝からダートに変わった馬

前走が芝で、今回ダートに変わる馬は、オッズがおいしくなるケースがよくあります。芝のほうが走りやすいので、「慣れないダートでは能力を出しきれないのではないか」という大衆心理が働くからです。

ただ実際のところ、**基本的に芝のほうがレースのレベルが高いので、ダートになるとメンバー的には若干落ちる**（相手関係がラクになる）ことになります。もちろん、馬にもよりますが、相手のレベルが芝のときより下がっているようなら、勝ち目がある。そこに大衆と認識の差ができます。オッズが高めに振れているなら狙い目です。

距離を短縮している馬

前走が2000メートルで、今回1600メートルを走るなど、大幅な距離の短縮がある馬も、要チェックです。「長距離を走ったあとだから、短距離のスピードについていけないのではないか」と舐《な》められやすいのですが、それこそ思い込みです。

ちゃんと対応できる馬も、もちろんいます。
また、競馬では2000~2400メートルの**「中距離」を走っている馬のほうが、レベルが高い傾向がある**ため、「芝→ダート」のパターンと同様、相手のレベルが下がることになります。先入観によって人気を落としているようなら、妙味大です。

第1章で、「大衆に嫌われる要素はおいしい」という話をしましたが、たとえば前走が4着以下（スルーされやすい）、芝からダート（嫌われやすい）、2000メートルから1600メートルに距離が短縮（舐められやすい）といった要素が揃った馬を買うだけでも、期待値が100%を超えるケースは多いと思います。

もちろん、各馬やレースの特徴などによって臨機応変に対応する必要はありますが、細かい予想ができないうちは、ぜひこうしたポイントに注目してみてください。

「一見、弱そうな馬」にこそ、妙味がある。みんながスルーしがちな「道中の不利」を見逃すな！

ナーツ流「全頭診断」のすすめ

大きなレースがあるとき、僕はYouTubeチャンネル「ウマキんグ」で、**「全頭診断」**というコンテンツを発表しています。

これは、僕がこれまでのレース回顧で蓄積してきたデータやメモをベースに、そのレースの出走馬を最高評価から順にS、A、B、Cとランクづけするもので、おかげさまでとても好評なコンテンツとなっています（2025年からは、各出走馬に100点満点で点数をつける「点数評価」も始めました）。

この全頭診断、予想をする上で非常に有効なステップです。

ぜひ、見るだけでなく、あなた自身もレース回顧を行なう際に、取り入れてみてください。

「すべての馬」をチェックするのが基本

全頭診断では、気になる馬だけでなく、すべての馬を見ます。目的は「見た目より強い馬」を探すことですから、**どんなに弱そうでも「見なくていい馬」はいません。**すべての馬を見ることで、自分が目を向けていなかった馬についても知ることができるのが、大きなメリットです。一頭一頭の特徴や実力を把握することで、世間の人気や情報を客観的に見ることができます。

たとえば普段、GⅠやGⅡのレースしか予想をしない人にとって、「下のクラスから上がってきた馬」や「重賞初挑戦の馬」というのは、判断に困る馬です。よく知らないけどやけに人気していたり、前走のタイムが破格だったりすると、「相当強いのか？　買っておくべきか？」と揺れます。そうした大衆心理に呑まれる前に全頭診断をしておけば、人気に値する実力かどうかがわかるので、冷静に取捨できるというわけです。

ちなみに、下のクラスから上がってきた馬というのは、評価できないことが多いです。仮に3連勝していても、重賞よりレベルの低いレースですし、それで人気が出れば回収率は低くなる。**実力があっても、期待値的に買えないケースが多い**のです。

オッズの「違和感」に敏感になろう

全頭診断で各馬への理解を深めることで、オッズの違和感にも気づきやすくなります。先ほど、ポタジェの例のときにも少し触れましたが、**オッズの違和感に気づいたときは、馬券的に妙味があります。**

「この馬、もっと人気すると思ったら、意外とそうでもないな」とか、「この馬弱いと思ったのに、なんでこんなに売れているんだろう」など、自分の評価と世の中の評価にズレがあるときは、大きく勝てるチャンスが隠れていることが多いです。

この違和感に気づきやすくするのが、まさに全頭診断の「SABC評価」です。

すべての馬をチェックしたら、自分なりの感覚で構わないので、SABCでランクづけしてみましょう。

ちなみに、僕は瞬発力、持続力、パワー、コース適性、前走内容などで評価をしていますが、明確な指標があるわけではないです。こんなに細かく分析しなくていいですし、自分の主観で構わないので、レース回顧から自分が感じた「その馬の強さ」をSABCで評価してみてください。評価したら、オッズと見比べてみましょう。

自分にしてみればB評価なのに2番人気の馬がいたら、「過剰人気ではないか」と判断できます。それなら切ればいいわけです。**逆に自分としてはS評価なのに5番人気の馬がいたら、馬券的においしい。**それこそ、ポタジェのように本命にすればいいのです。

気をつけたいのは、せっかくランクづけしているのに、オッズを見て「そんなに強いとは思っていないけど、2番人気ならとりあえず買っておくか」などと、流されてしまうこと。これでは、まったく意味がありません。

予想は、自分がどう考えたかが重要で、馬券はその筋道に沿って買うのが基本です。あくまでもオッズは、世間と自分の評価との〝ギャップ〟をチェックするためのもの。人気に流されやすい人は、全頭診断をオッズが出る前に行なう、あるいは全頭診断が終わるまでオッズは見ないようにしましょう。

「ジンクス」や「先入観」は取り払うべし

競馬は「人間の心理」との闘いです。オッズ（人気）以外にも、心理的に〝流されやすい〟要素というのはたくさんあります。

たとえば**ジンクス**（このレースは◯◯な馬は勝てないとか）や**先入観**（休み明けでまだ調子が上がっていないだろうとか）、**馬のイメージ**（なんとなく弱そうとか）、**占い**（今日は1位だったとか）など……。こうした要素に、自分のつけた評価がうっかり流されないよう、気をつける必要があるのです。

2023年の日本ダービーは、まさに多くの人がこうした要素に流されたレースだったと思います。

2023年の日本ダービーで勝ったのは、**4番人気のタスティエーラ**でした。

前走の皐月賞では、後方から圧倒的な上がりを見せたソールオリエンスに敗れたものの僅差の2着。道悪のハイペースで次々に先行馬が崩れていく中、唯一、最後まで前目で踏ん張ったタスティエーラは、明らかに「負けて強し」の内容でしたので、世間からは評価されていました。

ただ、ダービーの舞台となる東京競馬場は、最後の直線が長いコースです。瞬発力のあまりないタスティエーラは脚質的に向かないのではないか、と考える人が多く、人気はソールオリエンスに集中しました。

加えて、**日本ダービーは騎手の乗り替わりで勝てた馬はいない**、というジンクスもあり、該当するタスティエーラの人気は下落。

また、タスティエーラもポタジェと同じく、派手さはありません。皐月賞で見事な勝ちっぷりを見せたソールオリエンスはオッズが1倍台、タスティエーラは8倍台と開きました。

ですが、僕はソールオリエンスのオッズ1倍台には、やや違和感を持っていました。たしかに皐月賞では素晴らしい上がりを見せましたが、自力の強さで見たら、不向きな展開の中で最後まで崩れなかったタスティエーラがいちばんだと思ったからです。

この違和感には妙味があると踏み、僕はタスティエーラの単勝に15万円賭けました。結果、タスティエーラが勝ち、120万円超えの払い戻しで帯獲得となったのです。

直線が長いから、乗り替わりは勝てないから、2・3着はあっても1着はなさそうだから……。予想中、こうした情報やイメージに惑わされないことが、いかに大事か。**ブレずに期待値を追うためには、面倒でもレース回顧、全頭診断をしっかりして、自分の目で実力を評価する。**これに尽きると思います。

オッズに流されやすい人には、「全頭診断」がおすすめ。各出走馬を「自分の目」でチェックするクセをつけよう！

2 競馬場・コースの特徴

競馬場は、中央競馬だけで札幌、函館、福島、中山、東京、新潟、中京、京都、阪神、小倉と、計10会場もあります。

「競馬場なんて、どこも大体同じじゃない？」と思われるかもしれませんが、**それぞれコースの形状などが全然違います。**

当然、その競馬場やコースと相性のいい馬や、有利な枠・不利な枠なども変わってくるので、そうした特徴は知っていればいるほど、予想に役立ちます。

ですので、ここからは、**「知っているだけで差がつく」競馬場やレースにまつわる知識**を、解説していきたいと思います。

「回収率アップ」につながる情報が盛りだくさんの項目ですので、ぜひ最後までチェックしてください。

競馬にも「知識」は必要不可欠

ここまで、「期待値」をはじめとする「競馬で勝つための思考法」を皆さんにはお伝えしてきました。

ですが競馬では、**「思考法」と同じくらい「知識」も重要**です。

特に「競馬場」や「コース」に関する知識は、汎用性が高く、かつ予想に直結してくる要素。同じ競馬場でも、状態は日によってまったく変わってきますし、知識がなければ、そうした競馬場や馬場の特徴・状態が馬にどのように影響するかイメージできません。

ここでは、「絶対に覚えておいてほしい」基本の知識をまとめましたので、しっかりとポイントを押さえていきましょう。

競馬場には「開幕週」と「最終週」がある

ひとつの競馬場でレースが開催される期間は、1年で何回かあり、スケジュールは決まっています。

この開催期間中の**最初の週を「開幕週」**、**終わりの週を「最終週」**と呼びます。馬場の状況は、馬が走ることによって変化していくので、期間中のどのあたりで行なわれるレースかによって、有利なコースも変わってきます。

基本的に、**「開幕週」に近いほど馬場がきれいなので、距離のロスが少ない〝内〟がより有利**です。

ただ、内側はどのレースでも馬が走りまくるため、週が進むほどボコボコと荒れてきます。そうなると、今度は〝外〟が伸びてきます。

実際、6月後半の阪神競馬場で行なわれるGⅠ宝塚記念などは、内側が荒れているので内枠有利にはなりにくい。こうしたレースでは、外枠、外差しの馬に注目してみ

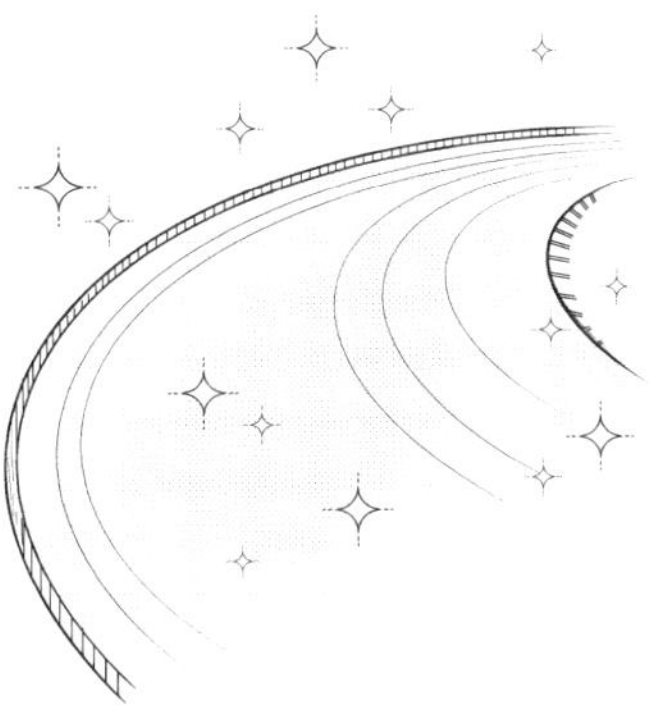

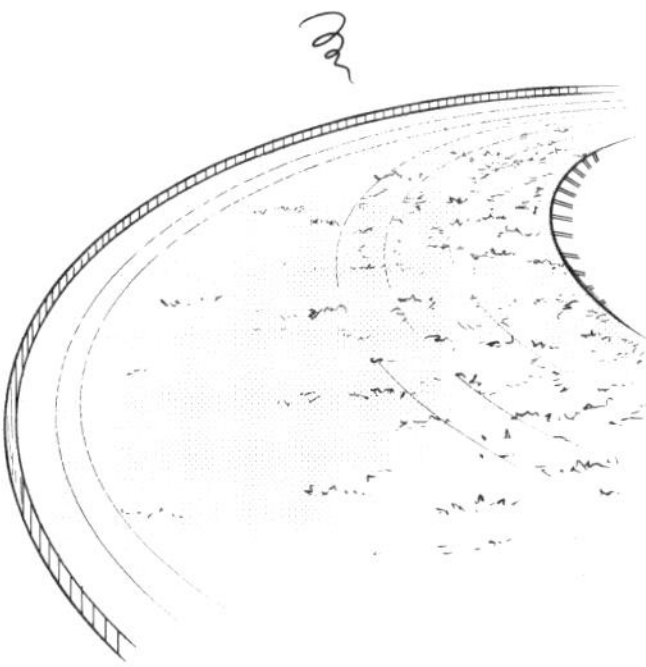

ると面白いです。

Aコース、Bコースって何？

開催期間中に、内側の柵を少し外にずらしてコースの中心を広げ、荒れてきた内側を物理的にカバーすることがあります。

これを**「コース替わり」**といって、開幕週がAコースとすると、1回目のずらしをBコース、2回目のずらしをCコースと呼びます。

このコース替わりが行なわれた週は、開幕週と同じような効果が生まれます。内枠が整った状態になるので、**「コース替わりの週は内枠が有利」**です。

コース替わりを行なう日程も決まっていて、たとえば日本ダービーは毎年、東京競馬場のCコース替わりの初週に行なわれます。実際、日本ダービーでは毎年のように「内枠の馬」が好走しており、コース替わりの重要性がよくわかります。

馬場が「硬い」「軟らかい」って、どういうこと?

JRAのホームページには、各競馬場の**「クッション値」**というものが測定時刻とともに掲載されています。

これは、馬が着地した際の地面の反発力を示すもので、目安を見ると「7以下は軟らかめ、8~10が標準、12以上は硬め」となっています。

数値が大きければ大きいほど馬場は硬く、反発力が高いので、タイムが伸びます。逆に、雨などで表面が吸水しているときは、クッション値が低く(馬場が軟らかく)なり、時計がかかるレースになるわけです。

最近は、工事によって馬場がかつてより硬めになってきています。内側の芝も傷みにくくなっているため、どんどんタイムが速くなり、内前有利で高速決着となるレースが多いです。全体的に、外差しが利くレースは減ってきました。

傾向として、いかにロスなく内前を走るかが勝負になってくるため、騎手心理としては、できるだけ内前を取りたくなります。そうなると、さらに時計が速くなってくるため、タイムの速い馬、強い逃げ馬や先行馬が有利です。長距離や終盤に坂があるコースでは、先行馬が垂れて、差し馬にチャンスが……という展開もありますが、実際はあまり多くありません。

硬い馬場で迷ったら、内枠、内前を取れる馬を狙うのは、アリだと思います。

「持ちタイム」はあくまで参考程度に

ただ、「クッション値が高い馬場＝持ちタイムの速い馬が有利」と、いつでも簡単に判断できるほど、競馬は単純ではありません。

たとえば、出走馬の持ちタイムランキングで、ディープボンドが1位になっていたとします。そして、そのレースが行なわれる馬場のクッション値は高い。

これまでの理屈でいけば、このレースではディープボンドが有利のように思えます。ただ、僕は、ディープボンドは時計がかかるレースのほうが強いと思っているので、こうしたレースで本命馬にすることはありません。

そもそも「持ちタイム」というのは、その馬がこれまで出走してきたレースやその相手に依存する部分が大きいファクターです。たまたま時計の速いレースに出ていたら、その馬の持ちタイムもおのずと速くなる。だから僕は、**客観的な「数値」よりも「自分の目」のほうを信じています。**

持ちタイムはあくまで参考程度。自分の目で確かめた、その馬の能力や「どう強いのか」を考えた上で、最終的な判断を下すことが大切なのです。

「コース替わり初週＝内有利」は、予想の基本。「回収率アップ」につながる知識は、しっかりと覚えておこう！

ここだけは押さえてほしい！各レース場の特徴

競馬場のコースは、コーナーの曲がり具合や坂の有無、直線の距離などがそれぞれ異なります。こうした特徴を覚えておくと、それぞれの競馬場で有利な馬、不利な馬を判別しやすくなります。

ただし、ここでチェックしたいのもやはり、**「人が注目していない特徴」**です。

たとえば、中山競馬場と阪神競馬場は〝坂がきつい〟ことで知られています。「この馬は中山で好走実績があるから、同じく坂がきつい阪神でも好走できそうだ」といった読みは多くの人ができるので、こうした有名な特徴はあまり予想に使いません。

かといって細かい特徴を挙げだしたら、それだけでこの本が終わってしまうので、ここでは「すぐ使える」「迷ったらコレ」と、覚えておいて損はないものを選りすぐってお伝えします。もちろん、どれもまだあまり知られておらず、期待値的にもおいしい情報ばかりですので、積極的に活用してみてください。

中京競馬場は迷ったら内枠！

中京競馬場は、コースレイアウトが「急カーブかつ下り坂」という特徴があります。下り坂で勢いがついた状態で急なカーブを曲がらないといけないので、遠心力がきつい。**外を回されると膨《ふく》らみやすく、かなり大きな距離ロスが出ます。**

特に最後の3コーナー、4コーナーで外を回されてしまうと、強い馬でもかなりの不利になります。なので、中京競馬場のレースでは迷ったら「内枠」を狙いましょう。

「中京は〝外〟がきつい」を象徴するようなレースがあります。それが、GⅠチャンピオンズカップ（中京・ダート1800）です。

このレースでは、たとえ単勝1倍台に支持されるような強い馬であっても、外枠を中京競馬場は「内」が超有利！

引いたがためにあっけなく敗戦、というパターンが毎年のように見られます。

2023年のチャンピオンズカップでは、外枠だったレモンポップが勝利したのですが、それもスタートでうまく逃げて、すぐに内を取れたからです。外枠でも、超逃げ馬ならこうした展開に持ち込める可能性はありますが、レアです。やはり中京の外枠は、基本的に不利だと思っていいでしょう（だからこそ、中京で外を回されても好走したポタジェは強いと判断できたわけです）。

東京競馬場の「開幕週」や「コース替わり初週」は内前を狙え！

東京競馬場は中京とは逆で、コーナーが緩やかで最後の直線が長いレイアウトです。末脚が重視され、内前は軽視されやすい傾向があります。

ですが、裏を返せば外に行く馬がいる分、内側が荒れにくいということ。特に、開幕週や、コース替わり初週は、「内前有利」になりやすいです。

タスティエーラのところでも触れましたが、東京競馬場は「直線が長い＝瞬発力が必要」というイメージがあるからこそ、ここのギャップをつけると妙味は出やすい。実際、**開幕週やコース替わり初週に限っていえば、東京競馬場の内前の回収率は高いです。**

たとえば、東京競馬場の開催初週のレースで逃げ・先行馬が内枠に入ったら、僕ならちょっと狙ってみます。Cコース替わりの初週に行なわれる日本ダービーで勝った穴馬、ダノンデサイルやロジャーバローズも、まさに「内枠の先行馬」でした。

京都ダートは内前！　阪神ダートは外差し！

京都のダートも、内前を取れる先行馬が有利です。

京都は3、4コーナーが下り坂で、最後の直線が平坦。**最後に坂がないので、3、4コーナーでスピードに乗った先行馬が、そのまま逃げ切れるケースが多い**のです。

逆に**阪神のダートは、最後に坂があるため、先行馬の足が止まりやすい。**またコーナーが緩いため、外を回るロスが少ないのが特徴です。

阪神ダートの直線で内を通ってしまうと、前の馬が垂れてくるリスクが高いので、外に行ったほうがいい。つまり、外枠の差し馬に勝機があります。

札幌競馬場と函館競馬場はまったくの別物!?

札幌と函館は、夏競馬限定の競馬場です。先に函館、次に札幌の順にレース期間が移動します。

どちらも北海道の競馬場で、同じ右回りの洋芝コースのため、なんとなく一括《ひとくく》りにされがちですが、実はコースの特徴や有利になりやすい馬がまったく違います。ここを押さえておくだけで、おいしい馬が見えてくるので狙い目です。

函館は基本的に、中京と同じでコーナーが急で外を回されるとロスが大きくなるため、内前有利の競馬場です。迷ったら内枠を狙うといいでしょう。

対して札幌は、コーナーが緩やかなので、外を回されてもロスが少なく、末脚が届きやすい。函館と札幌は同じ馬が出走することが多いので、**函館で末脚が届かなかった外差しの馬を、札幌で狙ってみる**といいと思います。

さらに札幌のコースレイアウトは、実は東京、阪神、京都の外回りコースとタイプが似ています。なので、**東京、阪神、京都で実績を出した馬は、札幌でも好走しやすい**です。

この関連性は、あまり知られていないので僕の中でもイチオシ。ぜひ次の夏競馬では、東京、阪神、京都の好走馬をチェックしてみてください。

「人があまり注目していない」コースの特徴は、妙味大。無理に暗記せず、理屈やイメージとセットにして覚えよう！

明日からすぐ使える！「回収率100%超」の黄金パターン

ここからは、少し細かくなりますが、条件が合えばぜひ狙いたい、回収率が高いレースや適性馬を特別にご紹介します。僕が分析した過去のデータから見ても、お値打ちなものばかりで、明日からすぐ使えます！

サンプル数も十分取り、数字の偏りも抑えられていると思いますので、安心してご覧ください。

阪神芝1200の1～3枠の回収率は、なんと○○%

阪神芝の1200は、とにかく内有利です。ナーツデータによれば、**1～3枠の平均単勝回収率は、過去5年で約150%**もあります。

なぜ内枠がそれほど強いかというと、このコースは、最初のコーナーまでの距離が短いためです。1コーナーまでペースが上がらず、1200は距離も短いため、内前に行った馬がそのまま勝ってしまうパターンが多い。逆に外枠はきついので、あまり重視しなくていいでしょう。内枠の単勝を買い続けているだけで、ほぼ勝てます。

ロードカナロア産駒は「歳を重ねてから」がスゴい

僕はあまり血統を見ないと言いましたが、「地味な血統」は見ます。

地味な血統とは、あまり知られていないけれど、ある条件下では非常に強さを発揮する血統のことです。そのひとつが、「ロードカナロア産駒」です。

ロードカナロア産駒は、なぜか歳を重ねたほうが強くなるという〝晩成型〟の特徴があります。実際データを見ても、2、3歳時のほうが回収率は低く、4歳あたりから回収率が上がっていく傾向があるのです。

特に、過去3年分のナーツデータによれば、**6歳時の単勝回収率は115%。**競馬場や距離不問で強いのに、「もう歳だから」とスルーされるため、オッズがおいしくなりやすいのです。

実際、2023年のGⅠ高松宮記念を制したファストフォースも、当時7歳の高齢馬で、実に12番人気でした。このときオッズは32・3倍。3連単は60万円を超える払い戻しとなり、波乱の立役者となりました。

「短距離では日本一」といわれるほど強かった父親のロードカナロアは、若いときから活躍していたので、その子どもたちが晩成型というのは、イメージにギャップがあるのかもしれません。こうした**「親」と「子」で特徴が異なる血統は、かなり狙い目**です。

福島芝2000に出る「キズナ産駒」は絶対に買え！

福島芝2000にキズナ産駒が出ていたら、何があろうとマストバイです。

単勝回収率は、過去3年で驚異の281%。このデータはやや上振れている可能性もありますが、それでもかなり高いと思っていいでしょう。

ここまで限定して回収率を出しているデータは見たことがなく、まだ誰も知らないと思います。僕はこういった「条件」に合うサンプルを何百も調べて残しており、常に分析しています。これもその膨大なデータの中から、導き出した必殺条件のひとつです。

ただ、人が知らないデータであるということが妙味を生み出しているので、ここで発表したことでバレて人気が出てしまったら、回収率が下がるかもしれません……。流行る前に、積極的に使っていきましょう!

ところで、なぜ福島芝2000のレースでは、キズナ産駒がこんなにも活躍するのでしょうか。おそらくですが、福島は芝が軟らかく、時計がかかりやすいからではないかなと思います。**スタミナがいるコースなので、持久力が売りのキズナ産駒とは非常に相性がいい、**というわけです。

京都ダート1200の1・2枠が「アツい」条件とは？

京都ダート1200で、1・2枠の内枠に入った馬のレース回顧をする際は、**「前走時、4コーナーで3番手以内に入っているか」**をチェックしてください。入っているなら、それだけで〝買い〟です。

この条件が揃った内枠の単勝回収率は、実に187％。複勝は127％なので、思い切って単勝を狙うほうがいいでしょう。

京都ダート1200は、内前の先行馬がめちゃくちゃ有利なレースです。

というのも、前述したように、京都はコースレイアウト的に最後の直線に坂がないため、内前の先行馬がそのまま勝ち切れるケースが多いからです。それゆえ、先行力のある馬が内枠に入ったら、非常に強い。その判断をするためにも、前走でどのくらい先行できていたかをチェックしておこう、というわけです。

それでも、データは〝絶対〟ではない

今回ご紹介したレース条件は、僕が調べた過去3～5年分のデータから導き出したものです。あくまでもこれまでの傾向であり、これからもそうなるとは限りません。馬場の状態やトレンドは日々変わっていくものですから、同じ条件でも結果が出なくなるときも、いつかはくるでしょう。

どれほど条件が揃っていても、競馬に絶対はありません。繰り返しになりますが、「レース結果は10万回のうちの1回にすぎない」というスタンスが大事。あくまでデータはデータとしてとらえましょう。

データを見るときに大切なのも、やっぱり「期待値」。他の人に知られる前に、じゃんじゃん活用しよう！

3 展開（枠・トラックバイアス）

予想を支える3本の柱、最後は展開（枠・トラックバイアス）です。

僕のYouTubeチャンネル「ウマキんグ」では、全頭診断が終わったあと、相方のイルマーマニー松浦が「じゃあ予想はこれでOKですね」と言い、僕が「全然OKではありません。枠によって大きく評価は変わります」と言う流れがお約束になっていますが、**実際、枠で本命馬は変わります。**たとえ全頭診断でS評価の馬であっても、内有利の馬場でその馬が外枠に入ったら、僕は本命にしないです。

馬場には、伸びる場所、伸びない場所があります。この「**伸びる場所を通れそうな枠」に入るかどうかが勝敗に大きく影響する**ので、枠は非常に重要なのです。

こうした馬場の伸びる・伸びないを、本書では「トラックバイアス」と呼びます。

これも新聞やネットなどには書かれていない情報なので、ここを把握できるだけで、おいしい馬を探し出す貴重なデータになります。

競馬は「枠で評価が変わる」何度でも言おう。

競馬場の特徴のところでもお伝えした通り、現在の競馬場は基本的には内前有利の馬場が多いです。とすれば、「内枠」の馬がとにかく有利……と思いがちですが、当然、そんなに単純ではありません。

回収率が高まるような予想を立てたいなら、馬場についても、より細かく見ていく必要があります。

というのも、**馬場は芝や土、砂など自然物でできているので、すべて均一の状態とはならない**からです。

良馬場ならあまり大きくは変わりませんが、雨が降ると多くの馬が通る内側はぐちゃぐちゃになり、より荒れて、馬にとって走りにくくなります。むしろまだきれいな外を回れる馬のほうが有利になったりするので、**天気によっても選ぶべき枠は変わってくる**のです。

競馬は「馬場のどこが伸びるのか」が超重要

トラックバイアスは、常に変化しています。たとえば雨が降ったあとは、「どこから乾くのか」によって、伸びる場所が変化します。なので僕は、雨が止《や》んだら馬場のどこに太陽が当たってくるかも調べています。

先ほどお伝えしたように、基本的には雨が降れば内側は使いにくくなりますが、内側から乾いてくる馬場なら、内枠は捨てません。天気予報とにらめっこですが、たとえば中山競馬場は内から乾く傾向があるので、内枠にいい馬が入れば狙うと思います。

その馬場の「どこが伸びるか」は、非常に繊細なのですが、ここでもまた、「レース回顧」が役立ちます。

たとえば、**人気のない馬が激走したときは、その馬場の中で〝伸びる場所〟を通ってきた可能性が高い**です。「あれ？　この馬、なんでこんなに強いんだ？」と思ったときは、その馬が「どこを走ったか」をチェックしてみると、その馬場の〝伸びる場所〟を教えてくれるので、有利な枠の判断に使えます。

逆に、強い馬は〝悪い場所〟を通ってきても能力で勝ててしまうため、あまり参考にはなりません。

僕が単勝12番人気の大穴馬「ロジャーバローズ」を本命にできたワケ

伸びる場所や枠が本命馬を選ぶ理由になることは、よくあります。トラックバイアスを味方につければ、その馬の能力が十二分に発揮され、勝率が上がるためです。

2019年の日本ダービーで優勝したロジャーバローズを本命馬に選んだときも、「1枠1番」という枠が決め手でした。

日本ダービーは、前述したように東京競馬場のCコース替わり初週に行なわれるので、内前有利のレースです。ここで先行馬であるロジャーバローズが1枠1番を引いたので、「これでいこう」と決めました。もちろん、レース回顧もしており、前走の京都新聞杯がタイム差なしの2着と内容がよかったのもありますが、それと同じぐらい「枠の優位性」を買ったのです。

それでもオッズが辛ければ本命馬にはしませんが、このレースは、サートゥルナーリアとヴェロックス、ダノンキングリーの3頭に人気が集中していました。前走の皐月賞はこの3頭の接戦だったため、みんなこの3頭の3連複などを買っていたのです。

大衆にスルーされたロジャーバローズは、実に12番人気。自分が評価している馬のオッズが高いという、非常においしい状況でした。

この馬を絡めるだけで回収率が格段に上がるので、僕はロジャーバローズの1頭軸流しで、3連単マルチを購入。相手は前述の3頭とサトノルークスの4頭を選び、1点1000円ずつで賭けました。

結果、予想通り内前を取ったロジャーバローズが逃げ切り勝ち。単勝オッズはなんと93・1倍で、日本ダービーとしては、史上最高の配当記録を打ち立てました。騎乗した浜中俊《はまなかすぐる》騎手も、「僕自身、いちばん驚いている」とコメントしたほど、世間を驚かせるレースとなりましたが、**〝伸びる場所〟を取れると、こんな大番狂わせが起きても決して不思議ではない**のです。

ちなみに、僕の馬券は約100万円の払い戻しになり、YouTubeでもこの回はかなりバズりました。

なぜ、「有馬記念」の外枠は過剰に嫌われるのか

基本的に、レースは距離のロスが少ない内枠が有利ですが、「外だから」と過剰に嫌うのもよくありません。それも、大衆心理の一種だからです。

外枠が過剰に嫌われるレースの代表が「有馬記念」です。「有馬は大外枠で勝った馬がいない」というジンクスもあり、外枠が嫌われすぎる傾向があります。

有馬記念では、枠順を決める抽選会がテレビで中継されるので、人気馬が大外に入ると「これは厳しい」と、やたらと煽《あお》られます。

たしかに、有馬記念はコースの形状上、外枠の馬が不利になりやすい傾向はあります。ただ、それを差し引いてあまりあるほど、「枠の影響」によってオッズが変動するのです。

実際、2023年の有馬記念では、想定1番人気だったスターズオンアースが大外を引き、騎乗は人気のルメール騎手だったにもかかわらず、オッズがかなり上がりました。「いくらルメール騎手でも、有馬の大外はこないから」と、スターズオンアースを切った人が大勢いたというわけです。

ですが、大方の予想を裏切り、スターズオンアースは2着に入りました。ルメール騎手がスタート直後にスッと前に出て内を取ったので、外を回らされるロスが少なかったのです。

また翌年2024年の有馬記念においても、大外枠に入ったシャフリヤールが10番人気ながら勝馬とタイム差なしの2着に入る激走を見せました。シャフリヤールもGIで複数回好走している実力馬ですから、スターズオンアース同様に、「枠の影響で過剰に舐められた馬」だったといえるでしょう。

たしかに有馬記念の外枠は不利ですが、このように絶対こないわけじゃない。大衆心理によって過剰に嫌われる傾向があることを頭に入れておけば、むしろ〝おいしい馬券〟をゲットできるチャンスともいえるのです。

「枠」を制するものが、「競馬」を制す。
「馬場のどこが伸びるのか」を常にチェックするようにしよう！

「展開予想」の精度を高めるコツ

出走馬が発表されると、新聞やネットで展開予想が繰り広げられます。これを見て展開予想をしても、他の馬券購入者と同じ予想になるので、あまり意味がありません。新聞などの展開予想は大体、逃げ馬や先行馬の数がベースになっているので、他の馬券購入者があまり意識していない、次のようなポイントに注目してみましょう。

①「距離延長組」の数に注目する

逃げ馬が不在でも、前走から距離を伸ばしている馬が多ければ、レースのペースは上がりやすくなります。短距離を走った影響で、スタートダッシュが速いからです。ただ、距離が長くなっている分、スタミナが持たない。そのため、終盤には息切れして前に行った馬が垂れてくる可能性が高くなります。ならば、そこを差すことができる馬がいたら有利かな……と、展開を考えることができます。

実際にＮＨＫマイルカップやヴィクトリアマイル、朝日杯フューチュリティステークス、阪神ジュベナイルフィリーズなどのＧⅠレースは、**距離延長組の参戦が多く、差し馬が優勢**の傾向が見られます。

② 枠番よりも「相対的な並び」に着目する

前述したロジャーバローズのケースのように、内前有利のレースで、逃げ馬が内枠を取れるとかなり有利です。ただし、たとえば内目の３枠に入っても、１枠、２枠に同じ脚質の馬がいたら、有利なポジションを取れる確率は低くなります。

逆に、７枠や８枠でも、必ずしも外を回されるとは限りません。内側に逃げ馬や先行馬がいなければ、スッと内前を取れるパターンもあります。**枠だけでなく、他の馬との〝並び〟もチェックすると、レース展開をより細かく考えられます。**

また、差し馬が内枠に入ると不利だと思われがちですが、「内差し」を使える馬の場合はあまり関係ありません。外から内に入るのは難しいですが、外に行くのは比較的簡単なので、むしろ内も外も使える馬なら選択肢が増えることになります。「差し馬の内枠は不利」と予想している大衆の裏をかけます。

③「陣営のコメント」は要チェック

レース前後に出す陣営のコメントも、展開予想に使えます。**陣営は、どんなレースをしたいかを宣言することで、他の馬を牽制《けんせい》することもある**からです。

たとえば、「今回は逃げます」とはっきり宣言されたら、他の馬は逃げにくくなります。その馬を追い越して逃げようとすれば、かなりハイペースになり、後半で潰《つぶ》れる可能性が出てくるためです。となると、そこまでして逃げたいという馬は減ってくるので、すんなり隊列が決まるのではないかと予測できます。

あるいは、ずっと逃げて失敗していた馬の陣営が、「前回は控《ひか》えていい方向になりました」というような内容のコメントを出していたら、次も控える可能性が高いと推測できます。こうした陣営のコメントは、馬柱だけではわからないので、きちんとチェックしておけば、他の馬券購入者と差がつくでしょう。

4「ジョッキーの特徴」を把握しておく

騎手のタイプ（性格）も展開に影響するので、ざっくりつかんでおくといいです。

先行意識が高いのは、西村淳也《にしむらあつや》騎手、川田将雅《かわだゆうが》騎手、坂井瑠星《さかいりゅうせい》騎手、松山弘平《まつやまこうへい》騎手などです。とにかく先行したい、という意識が強いので、このような騎手が乗る馬は先行する確率が比較的高いと思っていいでしょう。

折り合いを重視し、先行馬でも無理やり行かさず、道中は我慢させる傾向があるのは、武豊《たけゆたか》騎手や戸崎圭太《とさきけいた》騎手、岩田康誠《いわたやすなり》騎手などです。こうした騎手の性格や特徴は、覚えておくと作戦が読みやすいかもしれません。

ルメール騎手のようにオールラウンダーのジョッキーもいます。基本、先行意識が強いですが、ペースを読む力が非常に優れていて、ハイペースなら後ろに、スローペースなら前に行くなど、自由自在にレースを操ります。何に乗っても、どこで乗っても上手いです。イクイノックスが逃げても差しても勝てたのは、ルメール騎手が乗っていたからでしょう。

それでも、展開予想には〝限界〟がある

いろいろ書きましたが、正直なところ、「展開予想」は必ずしも毎回する必要はありません。どこまで緻密な予想を立てても、あくまでそれは「予想」であり、そのときの「騎手心理」などによって展開はいくらでも変わってしまうからです。

「コースレイアウト的に、ハイペースにならざるを得ない」などの場合は、僕も展開を考えるようにしていますが、それでもやはり、限界があります。

もちろん、展開予想はやるに越したことはない。ただ、そこにこだわりすぎるよりは、レース回顧に集中したほうがいいかなと思います。

展開予想も「他の人と同じ」では意味がない。〝4つのポイント〟をもとに、自分なりの予想を組み立てよう！

Column 2

スポーツも"期待値思考"で上手くなる!?

僕は、親戚のおじさんが高校野球の監督をしていたこともあり、小学校3年生から大学まで野球をしていました。

ポジションはピッチャーで、得意な球はストレートとフォーク。**最高球速は140キロ**となかなか速く、ずっとエースでした。独立リーグからスカウトのお話もいただいたのですが、教えるのが好きで、卒業後は高校の社会科の教師の道に進みました。

野球はそこでやめたのですが、最近になって「**パワフルスピリッツ**※」という草野球チームに誘ってもらい、久しぶりにまたピッチャーとしてマウンドに立っています。

投げるのはかれこれ10年ぶりになりますが、球速はほとんど衰えていません。今も

140キロを出すことができ、チーム監督である工藤公康《くどうきみやす》監督にも驚かれました。

これは、とにもかくにも僕の身体能力が素晴らしいから……ではなく、大学時代に**「最もボールにエネルギーが乗るフォーム」を研究して身につけた**おかげだと思います。ピッチャーにとって球速は「期待値」なので、そこを追求したのです。

大学では自主トレが中心だったので、僕は自分の体をどう使えば、最もボールにエネルギーが伝わるかを研究しました。運動力学を勉強し、「期待値の高い投球フォーム」を実現するのに必要な筋肉を、筋トレでしっかり作っていったのです。

フォームだけでなく、「戦術」においても期待値のことを考えていました。

たとえばノーアウト1塁のときに、バントでランナーを2塁に進めるのはよくある戦術ですが、実はデータを調べると、ヒットを狙うより〝得点期待値〟が下がることがわかりました。なので僕は、相手がバントをする気配があったら、あえて乗っかる（相手にバントをさせる）道を選んでいました。

実際、ピッチャーとしても、ランナーがいる状態でヒットを狙われるほうがこわい。バントしてくれたほうが確実にアウトをひとつ取れるので、心理的にラクなのです。

他にもボール球を増やさないとか、打順とか、野球で期待値を高める方法はいろいろあるのですが、書き出すとキリがないので今回はこの辺で（笑）。

ただ、今も野球を観戦するときは、「もし、自分がピッチャーだったら」と思って見るようにしています。サッカーでもバレーボールでも、自分が好きなスポーツは**「この場面、どうしたら期待値が上がるか」**を考えながら観戦すると、思考の幅が広がり、競馬にも活きてくると思うので、お試しあれ！

※「パワフルスピリッツ」……通称「パワスピ」。野球ゲーム「パワフルプロ野球（パワプロ）」を制作するKONAMIが母体の草野球チーム。野球好きなインフルエンサーがメンバーで、監督は元福岡ソフトバンクホークス監督の工藤公康氏。YouTubeチャンネルの登録者数は2025年2月時点で17万人を超える。

競馬は
「期待値」。
ギャンブルなんて
"ヒキ"がすべて！

第3章

賭け方

あなたの「回収率」を劇的に高める方法

レース回顧の方法、競馬場の知識、展開予想のポイント
結構いろいろわかってきたぞ！
本命に選んだ穴馬が馬券内に激走する…なんてことも増えてきた！
……のに、馬券の買い方が下手すぎて
全然儲からない〜〜
ナーツさんは3連単とか3連複買ってることが多い印象だけど
俺もやっぱりそうしたほうがいいのかな…
見立てはあってるのにな〜
でも3連単買ってってヒモ抜けとかよくやるし……
2着3着当たんない
3連単
3連複

このレースはたぶん荒れる!
3連単全通りで勝負じゃ!
フォーーッ
あれが間違ってることくらいはわかるけど…
ナーツさん、馬券ってどんなふうに買うのがいいんですか?
券種とか
なんでもいいんじゃない?
ここにきて急にテキトーー!!
いや、そんなわけないっすよね?!
勝てる馬券の買い方教えてくださいよ!
やっぱり大事なのは〝当てにいかない〟ことだよね

今日も、「馬券でしくじった」あなたへ――

第1章の期待値編、第2章の予想編をお読みになり、期待値を追う競馬とはどういうものか、だんだん理解が深まってきたかと思います。

本章では、僕のところにくる質問でも特に多い、「馬券の買い方」についてお話ししていきます。

自分が「これだ！」と思った本命馬を、どう馬券につなげていけばいいのか。第1章、第2章はいわゆる「考え方」が中心でしたが、ここでは**僕がよく買っている3連単の絞り方や、レベルに応じた戦略、そして誰でも回収率が爆上がりする方法**など、すぐに役立つ実用的なポイントをお伝えしていきたいと思います。

せっかくいい馬を選べても、いざ馬券を買う段階になって「当てたい」とか、「ダサいと思われたくない」とか、「カッコいい賭け方で勝ちたい」とか、いろんな感情に流され、結果的に回収率を下げているパターンをよく見かけます。

また、勘違いや先入観から、もったいない賭け方になっているケースもあるので、それぞれの馬券のメリット・デメリットを把握し、期待値を追う賭け方とは何かを整理していきましょう。

ぶっちゃけ「どう買うか」はそこまで重要じゃない

……と言ったばかりですが。

実は、**僕は基本的に「馬券はなんでもいい派」です**。実際に買っている馬券としては3連単が多いですが、馬券選びに大きな優劣はないし、こうでなくてはならぬ、というこだわりもありません。

というのも、**競馬は「期待値のある本命馬」をきちんと選ぶことが最重要で、それをどう買うかは本質ではない**からです。たとえどんな馬券を買ったとしても、本命馬からブレる買い方をしない限り、そこまで大きく期待値が落ちるとは感じません。
馬券の買い方は、競馬の楽しみ方でもあります。極論を言えば、期待値の高い本命馬をしっかり選んだら、あとは自分の好きな馬券で勝負するのがいいと思うのです。

ただ、現実には予算の都合もありますし、いくら好きな馬券だからといっても、初心者や腕に自信のない人が3連単ばかり狙うのはやはり不利です。

腕がある人でも、「絶対にこの1頭だ」と思えるときと、「この2頭は買いたい」とき、あるいは「今回は全然読めない」ときなど、自信の具合によって、理論的に合う馬券は変わってきます。

ロジカルに賭けるには、それぞれの馬券の特徴を理解する必要がありますから、本章ではまず、初心者から上級者まで押さえておくべき「券種の特徴」について解説します。

それぞれの「券種の特徴」を理解しよう！

賭けるときは、当たりやすさやオッズに目がいきがちですが、競馬は常に、**「他の馬券購入者たちとの勝負」**です。馬券の向こうにいる他者をイメージして、自分に分のあるところで勝負する。そう考えると、自分に有利な馬券も見えてきます。

【複勝・ワイド】
誰が買っても「いちばん負けにくい」券種

複勝は、全馬券の中で〝最も当たりやすい〟馬券です。選んだ馬が3着までに入ればいいので、たとえば16頭立てなら、「当たり」が16分の3あります。

また、3着以内に入る馬を2頭（順不同で）当てるワイドも、かなり当てやすい券種のひとつです。その分、オッズは低くなりますが、実力の差があまり出ないので、腕がなくても負けにくい。**初心者や腕に自信がない人は、複勝やワイドから始めるのがいい**でしょう。

複勝は、当たりやすいことに加えて、ＪＲＡの控除率が20％と低いのも、負けにくい理由のひとつです。購入額全体の80％が馬券購入者に還元されるので、当たったときに他の馬券購入者と分け合う金額が比較的多く、取り分的にお得といえます。

なんとなく、「複勝は当てにいっているようでダサい」と思いがちですが、まったくそんなことはありません。自分に予想力がまだないことを自覚しているのなら、**最も負けにくい馬券を戦略的に選んでいる**ということ。堂々と買いましょう。

逆に、腕の差が出にくいことを考えると、「実力がある人にとっては、複勝を選ぶメリットはあまりない」といえます。

基本的に**複勝は、「よく当たるけど、長い目で見たら負けやすい」**点には、留意が

馬券マトリクス

馬券マトリクス	自信なし （相手が絞れない）	自信あり （相手が絞れる）
買いたい馬 （期待値のある馬） が **1頭**	単勝・複勝	3連単（複） 1頭軸
買いたい馬 （期待値のある馬） が **2頭**	馬連（枠連）・ワイド	3連単（複） 2頭軸

JRA　券種別の払い戻し率

券種	払い戻し率（％）	券種	払い戻し率（％）
単勝	80	馬連	77.5
複勝	80	馬単	75
ワイド	77.5	3連複	75
枠連	77.5	3連単	72.5
WIN5	70		

必要です。買えば買うほど回収率は下がるので、賭けるなら自分が最も期待値が高いと思う1頭でいきましょう。

また、複勝の使い方で避けたいのは、「単勝や3連単だけでは心配だから、念のため複勝も買っておこう」などと、保険的に使うこと。当てたい気持ちはわかりますが、負けやすくなるだけです。

よく、「単勝に1000円、複勝に3000円」と複勝に厚張りする人を見かけますが、これも負けたくないがために、**勝てないところにより多くの資金を投入しているということになります。**1日単位で見れば〝負けにくい〟賭け方かもしれませんが、長期で見れば、「わざわざ負けにいっている」のと同じで、理屈が通りません。

【3連単・3連複】
理論上、最強の（最も期待値のある）券種

複勝の対極に位置するのが、3連単・3連複です。〝最も当たりにくい〟馬券です

が、配当は大きく、夢があるため人気があります。

実際、全馬券の中でダントツに買われているのが、3連単・3連複です。還元率は72・5%と複勝に比べれば低いですが、「勝てる人数が少ない=取り分が大きい」ので、実力がある人ほど有利。理屈から言えば、**「期待値的に3連単を超える馬券はない」ので、期待値を追求するなら3連単一択**です。

僕もプライベートでは、ほぼ3連単しか買っていません。YouTubeではわかりやすさも必要なので、単勝に大きく賭けることもありますが、基本的には3連単が多いです。腕に自信があり、回収率を上げていきたいなら、シンプルに3連単を磨いていくのがいいと思います。

ただ、ご存じの通り、3連単は非常に難しいです……。僕も20連敗とか普通にあります。3連単は、18頭立てなら「4896通り」もの買い目が存在するので、単勝の「18通り」と比べて、当たりにくくなるのは当然です。

ですが回収率のことを考えれば、「難しそう」「当たらなそう」というだけで避けるのは、もったいない券種です。

3連単はすべての券種の延長線上にある馬券で、たとえば、「3連単1着固定」は単勝の延長、「3連単1頭軸マルチ」は複勝の延長、「3連単2頭軸マルチ」はワイドの延長線上にあります。そう考えると、そこまで尻込みする必要はないと思うのです。もちろん、相手を選ぶ必要は出ますが、レースをより俯瞰《ふかん》して見ることができるため、予想の腕も上がっていきます。

3連単はすべての券種の延長にすぎない！

- 単勝の延長 ⇒ 3連単1着固定
- 複勝の延長 ⇒ 3連単1頭軸マルチ
- ワイドの延長 ⇒ 3連単2頭軸マルチ

後ほど解説しますが、相手を絞りやすいレースでは、単勝を買うより3連単を買うほうが断然おいしいです。普段、単複しか買わない人も、ぜひそうしたレースでは3連単・3連複にトライしてみるのがおすすめです。

【馬連・馬単】の買い方には〝コツ〟がある

予想した結果、いい馬が2頭いて、どうしても1頭に絞れないケースもあります。または、2頭は自信があるけれど、3連単にするには相手が多すぎるような場合もあるでしょう。そんなときは、無理に絞ったり、広げたりせず、「馬連」や「馬単」を使うといいです。

その際、馬単で着順を「裏表」で買う方法もありますが、より期待値を追求するなら、もっといい買い方があります。**2頭のうち、より評価しているほうが穴馬なら「穴馬を1着にした馬単」を、人気馬なら「馬連」にする**のです。

理由は、1着にきたときの価値が、穴馬のほうが高いから。自分がより穴馬を評価しているのなら、穴馬を馬単の1着にして買うほうが、妙味があります。

反対に、人気馬を評価している場合に馬連のほうがいいのは、たとえ1着にきたとしても、回収率がさほど上がらないためです。それなら、1着でも2着でも当たりになる馬連でいいと思います。

また、**馬連は複勝と似ていて、当たりが多く、実力の差が出にくい券種**でもあります。なので、腕に自信のない人は馬連、自信のある人は馬単、という考え方で判断してもいいでしょう。

【枠連】は〝オッズの歪み〟が面白い

枠連は指定した枠内の馬なら、どれがきても当たりになるので、馬連より的中範囲が広くなります。

ですが、組み合わせもそれなりにあり、「どの組み合わせが最も高い期待値になるのか」を考えるのは、けっこう難しいです。意外と玄人《くろうと》向けの馬券ともいえます。

では枠連には使い道がないのかというと、そんなこともありません。

枠連は、そもそも買う人が少なくオッズが動きやすいため、おいしい馬券が潜んでいたりします。そういうときは狙い目です。

オッズの歪《ゆが》みが生じやすいのは、「ゾロ目馬券」のときです。

枠連は馬連と違い、「6・6」「7・7」など、同一の買い目が存在します。基本的には枠連より馬連のほうがオッズがつくので、「13・14」の馬連を買うことはあっても、わざわざ「7・7」の枠連を買おうと思う人は、あまりいません。

ここが大衆心理の落とし穴で、よく見ると、馬連より枠連のほうが高オッズ……なんてことが、たまにあるのです。

ですから、馬連を買うときは、ギリギリまで枠連と見比べて、オッズが高いほうを買うといいでしょう。

どんな券種にも「強み」と「弱み」がある。それぞれの特徴を理解した上で、自分に合った馬券を選ぼう！

誰でも回収率が上がる「最強の馬券理論」

僕のところにくる質問で特に多いのが、「3連単ってどうやって買えばいいんですか?」「どうして、3連単がそんなに当たるんですか?」など、3連単の予想の立て方や買い方に関する質問です。

前述した通り、3連単はとても難しい馬券です。ですが、実は誰でも簡単に3連単の的中を狙えて、回収率を爆上げできるコツがあります。

「なんとなく難しそう」という先入観だけで避けている人や、3連単の買い方で悩んでいる人は、ぜひこれから紹介するポイントを押さえてみてください。

大前提として「絞れば絞るほど回収率は上がる」

たとえば、世間の評価はイマイチだけれども、自分的には「この馬が1着にくる可能性は高いと思うし、きたらオッズ的においしいよな」と思える馬がいたとします。

このとき、「よし！　この馬の単勝を2000円買おう。でももし1着にこないと困るから、複勝も1000円だけ買っておこう」などと考える人は多いと思います。

別にこれが悪いとは言いません。

ただ、覚えておいてほしいのは、**自分にとってはっきりと「期待値のある馬」がいるのなら、このような「守りに入る」馬券の買い方は、回収率を下げます**。期待値を追うなら、こういうときこそ攻めたほうがいい。

攻めるとは、「馬券を絞る」ということです。**絞れば絞るほど、回収率は上がります**。この場合なら、複勝を捨て、単勝1本に3000円全額を賭けるほうが、その馬の期待値を追えます。

もしこれが、そこまでその馬に自信が持てない場合は、単勝に1500円、複勝に1500円と分散させても問題ありません。ただ自分の中で明確な自信があるのなら、勇気を持って絞るのが、「期待値を追う買い方」です。

「単勝1点」よりも「3連単100点」がいいって、どういうこと？

では、ここで皆さんにひとつ質問です。「単勝1点買い」と、「3連単の100点買い」では、どちらがより馬券を絞れていると思いますか？

「それはもちろん、単勝1点買いでしょ！」と思った方、残念ながらハズレです。

答えは、3連単の100点。**単勝や複勝1本でいくより、3連単を100点買うほうが、断然攻めた買い方です。**

「は？　点数を広げているのに、どういうこと？」と思いますよね。実はここに、多くの人が勘違いする〝数字のからくり〟があるのです。

18頭立てのレースを例に考えてみましょう。
単勝が当たる確率は、「18分の1」ですね。一方、3連単は全部で4896通りあるので、当たる確率は「4896分の1」です。たとえ100点買ったとしても、4896分の100で、だいたい「49分の1」となります。

つまり、100点買っても、3連単のほうが単勝1本より、3倍近くも馬券を絞れているんです。

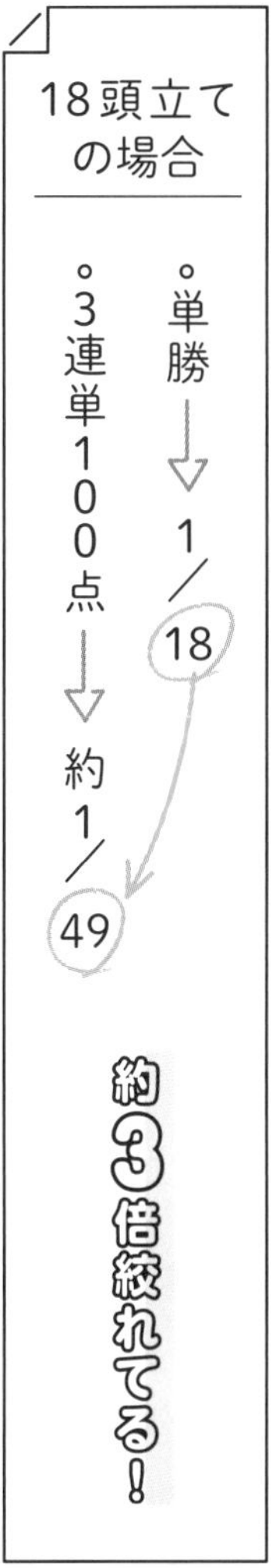

先ほど、3連単1着固定は単勝の延長線上にあると言いましたが、期待値のある本命馬がいるのなら、単勝1点を買うより、3連単1着固定で相手を選び、100点買ったほうが回収率は断然上がります。たとえ200点買っても、「約24分の1」で

すので、それでもまだ単勝より絞れています。

期待値的には、自信がある馬ほど馬券を絞って資金を投入するほうがいいので、点数を増やしても3連単を買うほうがお得です。もちろん、100点も200点も買うとその分、資金も大変になりますが……。

少なくとも、「3連単100点も買ってるの？　俺なんて単勝1本だぜ」とドヤるのは、期待値的に間違っているのです。

「券種を増やす」のも悪くはないけれど……

回収率を上げるには、馬券は絞ったほうがいいのは大前提ですが、馬券の種類を増やすこと自体は、特に悪いことではありません。上手い人でも、3連単は控除率が高いし当たりにくいからと、単勝やワイドを組み合わせて買ったりしています。

最初にお伝えした通り、基本的には本命馬さえしっかり選べていれば、馬券は自由で構いません。

ただし、期待値を追うという意味では、3連単を超える馬券はありません。極論、**期待値を最大化させるなら、「3連単の1点買い」になります。**

もちろん、それでは一生当たらないので非現実的ですが、3連単で勝負できるのなら、それに越したことはないでしょう。

僕はYouTubeではよく、単勝と3連単や3連複の組み合わせを買っています。単勝は動画的にわかりやすくて反響がいいですし、単勝&3連複は、どのくらい資金を入れたら帯を取れるか計算しやすく、いちばん確率も高いからです。

ですが、**プライベートでは帯を取ることにこだわりはないので、ひたすら3連単を買っています。**点数もめちゃくちゃ絞り、本命馬を1着固定で、2列目も1頭、相手4頭ぐらいで賭けるスタイルが多いです。

単勝など、他の馬券を組み合わせることも基本しません。かなり絞っているので、何日も勝てないこともザラですが、その日の勝ち負けは気にしていないですし、期待値を追求することを徹底したいので、これが僕なりの競馬の楽しみ方なのです。

ただ、ここまで絞るのは「ちょっと無理」という方も多いと思いますので、お待ちかね。予想力に関係なく、誰でも簡単に回収率が爆上がりする3連単の買い方をご紹介しましょう！

こんなレースを狙ってみよう！

初心者の方や、予想の腕に自信がない方でも、3連単を狙えるレースがあります。ズバリ、**「2023年のジャパンカップのようなオッズ構成のレース」**です。

次のページにあるオッズ表を見てください。

イクイノックスが圧倒的に1番人気で1・3倍。以下、リバティアイランド（3・7倍）、ドウデュース（13・2倍）と続きますが、7番人気のパンサラッサまでと、8番人気のディープボンド以下とでは、オッズにやや開きがあるのがわかりますか？

つまりこれは、「上位7頭での勝負」と、世間に評価されているレースだということ

ジャパンカップ2023出馬表

人気	馬番	馬名	オッズ
1	2	**イクイノックス**	1.3
2	1	リバティアイランド	3.7
3	5	ドウデュース	13.2
4	3	タイトルホルダー	19.2
5	17	スターズオンアース	26.6
6	10	ダノンベルーガ	32.5
7	8	パンサラッサ	46.4
8	14	ディープボンド	83.8
9	9	ヴェラアズール	99.7
10	7	イレジン	111.2
11	18	ウインエアフォルク	430.8
12	15	ショウナンバシット	513.1
13	4	スタッドリー	547.0
14	16	インプレス	666.1
15	12	チェスナットコート	827.0
16	6	フォワードアゲン	866.4
17	11	トラストケンシン	871.9
18	13	クリノメガミエース	878.1

ずば抜けて強い馬！

勝負にならない馬

とです。しかも、1着はほぼイクイノックスで決まりだろう、と。

こういう**「能力的に勝負できない馬が多い」**かつ**「ずば抜けて強い馬がいる」レースは、3連単向き**です。

オッズからもわかるように、多くの人はこのレースで、「イクイノックスの単勝」を買っています。

ですが、もしイクイノックスの単勝を買うなら、イクイノックスを1着固定にし、イクイノックス以外の上位の馬6頭を、3連単1頭軸流しで買うほうが、馬券を絞れます。この場合、買い目は30点になりますが、それでも4896分の30。当たる確率は「約163分の1」です。**イクイノックスの単勝（18分の1）より、ずっと期待値を追えています。**

「オッズだけで切る馬を判断して大丈夫なの?」と思われるかもしれませんが、過去のデータを見ても、オッズが100倍、200倍の馬が勝つことはほぼありません。

もちろん、競馬に絶対はありませんが、可能性としてはかなり低いので、中級者くらいまでは「とりあえず切る」という判断で大丈夫です（もちろん、「レース回顧」のところで説明したように、できれば全頭しっかり見てほしいですが）。

地方競馬の重賞も、このようなオッズ構成がよく見られるので狙い目です。中央の馬と地方の馬が交流するレースでは、力の差が大きく、地方馬が太刀打ちできないケースが多いので、３連単を絞りやすいのです。

この手法はオッズ構成だけで判断ができるので、予想力は必要ありません。誰でも回収率を爆上げできる「最強の馬券理論」です。

逆に、どの馬もオッズに大きな差がなく、切れる馬が明確でないときは、この理論は使えませんので、３連単は避けたほうが無難です。

高知競馬のファイナルレース（通称：高知ファイナル）などがそうですが、オッズが割れていて荒れそうなレースは、相手を絞るのが難しく、３連単では点数が膨らみすぎてしまいます。

こうしたレースで無理に絞ってしまうと、うっかり期待値の高い馬を切ってしまうリスクがあるので、僕もこういうケースでは3連単は使いません。

こうした場合のおすすめは、単複やワイドです。混戦のレースでは、複勝やワイドもおいしくなりやすいので、こういうときこそ的中率の高い馬券で楽しむといいと思います。

人気馬が〝過大評価〟されていると思ったときは――

強い馬、弱い馬がはっきりしていて、しかもズバ抜けて強い1頭がいるときは、「弱い馬たちを切った上で、その強い1頭から流す3連単」をおすすめしました。

これができたら、さらにもうワンランク上の〝攻める競馬〟を目指してみましょう。

その方法とは、思い切り大衆心理の裏をいく方法です。3連単の軸にした、ズバ抜けて強い1頭が、自分的には「そんな強い？　ここまで人気なのはちょっと謎」と思ったなら。思ったならですよ？　**その人気馬を切って3連単を組む**のです。

たとえば、2024年の宝塚記念の1番人気はドウデュースでした。もし、このレースで「ドウデュースはこないだろう」と思ったなら。思い切ってドウデュースを3連単の買い目から外すのです。多くの人が1番人気の馬を買い目に入れているため、この馬を外すだけでオッズが一気に跳ね上がり、とんでもない回収率になります。

とはいえ、「1番人気の馬を切る」というのは、心理的に非常に難しいものがあります。仮に、3連単からドウデュースを外せても、「2番人気のジャスティンパレスの単勝は買っておくか」などと、他の人気馬に保険をかける人は多いです。

ですが。ジャスティンパレスが1着の馬券を買うということは、2着、3着にドウデュースがくる可能性を捨て切れていないことになり、**3連単でドウデュースを切っていないのと実質同じこと**になってしまいます。

もちろん、その可能性は十分あるのですが、それではせっかくドウデュースを切り、大衆の逆をいく意味がありません。守りに入って当てにいく、他の馬券購入者と同じ思考で、回収率を下げるだけです。

重要なのは、自分が「1番人気の馬をそこまで評価していない」という事実です。

そこに気づけたこと自体が価値なので、「もしかしたら、2着か3着にはくるかも……」などと弱気になるのは惜しい。3連単のみで、人気馬を完全に消して勝負するほうがいいです。

それでも人気馬にブレそうになったら、「このレースは、10万回行なわれるうちの1回にすぎない」ということを思い出してください。もしかしたら切った人気馬がくるかもしれませんが、それはあくまで結果論であり、たまたまです。

「軸選び」で気をつけたいポイント

3連単・3連複を買う場合、マルチでも固定でも、対抗馬を1頭にできると馬券をより絞れます。ただ、対抗馬を選びきれない、相手選びをよくミスってしまうという方も多く、**「対抗馬(軸)を選ぶコツを教えてほしい」**という質問をよくいただきます。

まず、迷ったときの絞り方ですが、本命馬を選んだ理由を思い出してみてください。

その理由と一貫性があるかどうかをチェックすると、判断がしやすいと思います。

たとえば、そのレースは外差しが利くと読んで、外差しの馬を本命馬にしたとします。ならば、たとえ実力のある馬でも内の先行馬を対抗馬に置くのは一貫性がありません。自分が選んだ本命馬がくるときは、レースが外差しに向いたときですから、内の人気馬は飛ぶ確率が高いはずです。

第2章の予想編でお伝えした「馬の能力」「コース」「展開」などを総合的に考えながら、「本命馬を選んだ理由に近い馬」を対抗馬に据えるのがシンプルです。

それでも絞れない、自信がないときは、無理に対抗馬を1頭にする必要はありません。対抗馬を複数に増やすか、対抗馬を立てずに、相手をある程度絞って1頭軸で買ってもいいと思います。

回収率は馬券を〝絞る〟ほど上がる。
「期待値を追う」ためにも、3連単にチャレンジしてみよう！

「資金力」と「賭け方」について、語らせてください

どのくらいの資金をそのレースに使えるかによっても、賭け方は変わってきます。単勝1本より、3連単100点のほうが絞れているといっても、資金的にそんなに賭けられないときもあるでしょう。

期待値を追うために、3連単にガンガン突っ込んでまったく当たらず、毎月何万円もマイナスに……では困るので、馬券は予算に合わせて買っていく必要があります。

ちなみに**僕自身は、たとえ生活に影響を及ぼしたとしても期待値を追いたいタイプ**なので、予算が多くても少なくても賭け方を変えることはありません（FIRE以前も「賭け方」は今とほぼ同じでした）。ただ一般的には、予算が少ないときは割り切って、ある程度「的中率を重視した」賭け方をしてもいいと思います。

「マネープレッシャー」があなたの思考を鈍らせる

いちばん大切なのは、**「外れても気にならない額」で賭けること**です。生活に支障を出さないためでもありますが、「マネープレッシャー」のある状態で競馬をすると、どうしても当てにいく心理になり、結果的に回収率を落とすためです。

買いたくない人気馬を押さえるぐらいなら、外れても気にならない額で期待値を追って楽しむか、ブレないメンタルを作るかだと思います。後者は一朝一夕にはいかないので、やはり〝無理のない金額〟で楽しむのがベストです。

予算の使い方ですが、**腕に自信がないうちは、できるだけ経験を積んだほうがいい**ので、仮に月2万円の予算があるなら、一攫千金を狙って一気に使うのではなく、何レースか分けて使うといいです。たとえ、すべて負けたとしても、1回で全額なくなるより、数をこなしたほうが経験値は上がります。

練習なら、お金は出さずに予想だけすればいい、と思われるかもしれませんが、人は自腹を切らないと真剣に予想しないものです。賭ける額は**100円でもいいので、実戦で試行回数を増やしましょう。**

ある程度慣れてきたら、予想の手応えというものを感じられるようになってきます。そのくらいになったら、これは難しいなと思うレースは捨てて、自信の持てるレースに絞って勝負するといいです。僕も、もし自分が金銭的に困ったら、超自信があるレースだけにボーンと資金を投入すると思います。

「トリガミ＝恥」という発想を捨てよう

馬券は当たったにもかかわらず、合計収支がマイナスになる「トリガミ」になることはあります。「ガミった」などと揶揄《やゆ》され、なんとなく、「馬券の買い方が下手みたいで恥ずかしい」というイメージがあるのではないでしょうか。

ですが、**期待値を追った上でトリガミになったのなら、まったく気にする必要はな**

いです。むしろ、トリガミにならないように馬券を組むほうが、期待値的には間違っています。

理由は単純で、トリガミを意識したら、さきほど紹介した「イクイノックス頭固定の3連単」のような馬券が買えなくなるからです。単勝1点であれば、たしかにトリガミになることはありませんが、それでは期待値を追いきれません。長期的に見て競馬で勝ちたいのなら、トリガミを恐れず、3連単で勝負すべきなのです。

とはいえ、イクイノックスのような例は特殊で、基本的には期待値をしっかり追えていれば、トリガミになることはまずありません。結果、トリガミになったとしても期待値を追えたからいいや、と思えばいいでしょう。

「ボックス買い」はダサくない！

選んだ馬のすべての組み合わせを買える「ボックス買い」は、3頭なら6点ですが、4頭なら24点、5頭なら60点と、点数がかなり広がるので、「なりふり構わず当てにいっててダサい」というイメージを持つ人も少なくありません。

ですが、冷静に考えてみると、意外とそうでもないことがわかります。たとえば、3連単の2頭軸マルチで相手5頭なら30通りになるので、3連単4頭ボックス（24通り）のほうが絞れることになります。「単勝1点より3連単100点」の理論で考えれば、ボックス買いも（相手をある程度絞れば）、十分に期待値を追える買い方なのです。

もちろん、明確な本命馬がいるときは、通常の3連単で絞って買うほうがより期待値を追えますが、4頭を同じぐらい評価していて、どうやって買おうか悩むような場合であれば、ボックス買いを選んでもいいでしょう。そこで無理やり本命馬や軸を決めて失敗するより、4頭ボックスで買うほうが素直だし、筋が通っていると思います。

「外れても気にならない額」で賭けることが、何より大切。まずは少ない額でどんどん経験を積もう！

正直、「海外競馬」ほど勝ちやすいレースはない

サウジダービーやドバイターフ、凱旋門賞《がいせんもんしょう》にケンタッキーダービーなど、日本馬が参戦する海外レースは、年間で数十レースもあります。

国内の重賞ほど注目はされませんが、僕は声を大にして伝えたい。

「海外レースは、めちゃくちゃ余裕で勝てるおいしいレースです！」と。

もし、「海外のレースはよくわからないから」とスルーしているのであれば、本当にもったいない。次のポイントを押さえて、ぜひ参戦してみてください。

海外競馬では「外国馬の単勝」を買うべし！

海外のレースに日本の馬が参戦するときは、「日本馬の単勝」が過剰に売れます。

予想して当てよう、というよりも記念や応援で馬券を買う人が多いためです。結果、日本馬のオッズは低くなるので、期待値的に買えません。**そこで狙いたいのが、「外国馬」です。**

「外国馬なんて、どれが強いかわからないし」と思われるかもしれませんが、簡単にチェックする方法があります。

それは、現地やブックメーカーのオッズです。非常にシンプルですが、**「現地のオッズが低い馬＝強い馬」**と考えることができます。現地のオッズはネットで検索すればすぐ出てくるので、調べるのも簡単です。

現地のオッズが低い馬をピックアップしたら、その馬の日本でのオッズを見てみましょう。おそらく、現地と日本では、かなりの〝ギャップ〟が生じているはずです。日本はパリミュチュエル方式で、買われた額でオッズが決まるため、人気が集中する日本馬のオッズは下がる。その一方で、スルーされがちな外国馬は総じてオッズが高めになるのです。

実際、2024年のドバイターフの1着馬は、現地オッズでは19倍でしたが、日本では57倍もついていました。〝オッズの仕組み〟が違うだけで、これだけの差が生じたのです。

海外のレースでは、こうした**オッズのギャップが大きい馬を狙うだけで、大勝ちできる可能性が高い**ので、参戦しない手はありません。現地の6番人気ぐらいまでの馬の中で、日本とオッズ差がある馬の単勝を買うだけで、かなりいい勝負ができます。

今後、このからくりに気づく人が増えると、オッズのギャップも減ってくるかもしれませんが、今ならこのシンプルな手法でも十分勝機があります！

海外ダートでは「日本の差し馬」を狙え！

海外レースで日本馬を狙う場合は、現地の馬場やレースの特性を頭に入れておく必要があります。

ダートはアメリカが本場ですが、向こうのダートはペースが非常に速く、日本のレースとは比べものにならないほどです。実際、日本の逃げ馬や先行馬はまったく歯がたたないことが多く、ペースが速い分スタミナ勝負になり、最後は前に行った馬が息切れして垂れてくる傾向があります。

ですので、海外ダートで日本馬を狙うときは、「逃げ・先行馬」よりも、「差し馬」に注目するのがおすすめです。

また芝のレースの場合、海外は日本と違い、芝がかなりタフで重いので、めちゃくちゃ時計がかかるという特性があります。日本馬が出る際は、時計がかかる馬場に適性があるかどうかを、しっかり見たほうがいいでしょう。

「情報量の少なさ」を逆手に取ろう

以上のポイントを押さえるだけでも、海外競馬はある程度勝てるようになります。ですが、もう少し頑張れば、よりおいしく勝てます。何を頑張るかというと、もちろん「レース回顧」です。

「え？　海外の競馬でもレース回顧ができるの？」と思われたかもしれませんが、できます。海外競馬も、基本的には過去のレースを見ることは可能で、実際に僕は海外競馬も毎回レース回顧をしています。

しかし、ここで課題になるのが、公開されている「情報量の少なさ」です。海外競馬はレース動画こそ見ることができますが、競馬場のクッション値やラップタイムといった情報が公開されていません。

日本のレースであれば、こうしたデータまで細かく公開されているので、レース回顧を深掘りできます。数字があることによって、どんな馬場コンディションで、どんな展開だったのかを調べられ、「次に狙える馬」もおのずと見えてくるわけです。ですが、海外競馬のレース回顧ではそれができません。

ただ、**情報が少ないのは、ライバルたちも同じ**です。

なので、ここをちょっとだけ頑張ってみましょう。具体的には、**「ラップタイム」を自分で調べてみる**のです。

クッション値に関しては現地に行かないと（そして実際に競馬場の芝を触らないと）わかりませんが、ラップタイムはストップウォッチなどを使えば自分で計測できます。自分で測れば、前半、後半のラップタイムなど、データも取り放題です。アナログで面倒かと思いますが、その分、確実にライバルたちに差をつけられます。

パリミュチュエル方式では、大衆と違うところで予想するほど、リターンが大きくなるので、トライする価値は大。特に、情報が少なく、予想に力を入れる人があまり多くない海外競馬は、頑張る分だけおいしくなります。

僕は過去に海外競馬のラップタイムをいやというほど計測しまくり、今ではどのレースでも、映像を見れば感覚的にラップがわかるようになりました。積み重ねて損はないプロセスです。やる気のある人は、ぜひやってみてください！

海外競馬で重要なのは、現地と日本の「オッズの差」。〝舐められている外国馬〟を見つけて爆勝ちしよう！

WIN5／トリプル馬単の攻略法、教えます

指定された5レースの1着を当てる「WIN5」は、当たれば平均配当が2000万円、多いときだと1億円以上いくこともある、とても夢のある馬券です。

また、浦和、船橋、大井、川崎、門別の指定された日のラスト3レースの馬単を当てる「トリプル馬単」も、一攫千金を狙いやすく人気があります。

どちらも非常に難しい馬券ではありますが、実は、当て方にコツがあります。

結局、いちばん大切なのは「大衆心理」である

WIN5で勝つために意識したいのも、やはり「大衆心理」です。

特殊な券種なので、ついつい忘れてしまいがちですが、「他の馬券購入者との勝

負」という前提は、通常の馬券と変わりません。

ではここで、多くの人がどのような心理でＷＩＮ５を買っているのかを、少し考えてみましょう。

ＷＩＮ５は指定された5レースの1着を連続で当てる必要があり、途中で一度でも外したらそこで終了になってしまいます。ですから、馬券購入者の中で**「できるだけ最後まで楽しみたい（ドキドキを味わいたい）」**という心理が働きます。

とはいえ、最初から最後までたくさんの馬を買っていたら、３連単と同じで点数が無限に広がってしまい、資金が足りなくなってしまう……。そこで、最初を広めに買ってだんだん絞り、最後を1頭にする、といった買い方をする人が非常に多いです。

ですから、勝ちたいならその〝逆〟をいくべきです。

つまり、**最初を絞って、最後を広げる。**最初のレースで外そうが、最後の１レースで外そうが結果は同じなので、それなら最後みんなが倒れたところを〝総取り〟できる可能性を残すほうがおいしい、というわけです。

２０２４年に４億４６００万円超えの配当となったＷＩＮ５、覚えていますか？このＷＩＮ５は、対象レースだったヴィクトリアマイルで14番人気の穴馬テンハッピーローズが勝ったことで、大きくオッズが跳ね上がりました。

それまで、京都10レースが12番人気、東京10レースが８番人気、新潟11レースが１番人気、京都11レースが４番人気の馬がきていて、この時点の的中票数は１４４票でした。ヴィクトリアマイルでは、１番人気のマスクトディーヴァと２番人気のナミュールのどちらが勝つかで注目されていたので、おそらく最後はこの２頭に絞っていた人が多かったと思いますが、あえてここを広げて買った人が上手かったということです。

おそらく、一般的にＷＩＮ５が的中するときというのは、オッズが１倍台のようなすごい人気馬が出揃ったようなときで、当たっても配当が安いケースが多いでしょう。

そういう強い馬が出るレースは、みんなその馬を１頭に固定するので、テンハッピーローズのように、むしろその馬以外を広げて買っておくほうがいい。

ＷＩＮ５もやっぱり他の馬券購入者との勝負なので、逆をいく発想を持つことが妙味を出すコツなのです。

トリプル馬単では「キャリーオーバー制度」を活用せよ！

トリプル馬単に関しては、**「キャリーオーバー」したときが狙い目**です。キャリーオーバー時は買いたい人が増えるため、通常2000万円ほどの売上が、5000万円ぐらいに上がります。キャリーオーバー分と合わせて、賞金は約7000万円です。

トリプル馬単の控除率は30％あるので、約2100万円が控除されますが、キャリーオーバー分でほぼ相殺されることになります。つまり、その週の売上のほぼ100％が、勝者に還元されるというわけです。

単純に配当が多くなる上、参戦する人の数がそこまで多くないので、そんなに冒険しなくても勝ちやすい。トリプル馬単のキャリーオーバーは、割とよく発生するので、そのときだけ乗っかるのはアリです。

「じゃあ、WIN5もキャリーオーバーしたときを狙えばいいのでは？」と思われるかもしれませんが、実はWIN5のキャリーオーバーは、トリプル馬単と違って、あまりおいしくありません。ここのからくりについて、少しご説明しましょう。

まず、WIN5の売上は平均6億円ほどあり、トリプル馬単に比べて参加者や投入金額が桁違いに多いという特徴があります。そのため、そもそもキャリーオーバー自体が年に1回、もしくは数年に1回程度しか発生しません。

仮に「1年ぶり6億円のキャリーオーバー」が発生したとして、金額が金額ですし、JRAも宣伝するので盛り上がり、次のWIN5は60億ぐらいの売上になります。すると合計は66億円になるわけですが、このうち30%の約20億円が控除されてしまいます。トリプル馬単のときと違い、馬券購入者の取り分は70%を少し超える程度。通常時とさほど差が生まれないため、あまりおいしくない、というわけです。

WIN5で勝ちたいなら〝大衆心理の逆〟をいくべし。トリプル馬単では「キャリーオーバー」のタイミングを狙おう！

Column 3

きれい！ おいしい！ 楽しい！ 優しい！

競馬場は〝コスパ最強〟のテーマパーク

あなたは、競馬場に行きますか？

いつも馬券はネットで買ってテレビで観戦するだけなら、ぜひ一度、現地を訪れてみることをおすすめします。

レースを間近で見られ、ファンファーレも生《なま》で聞けてテンションが上がる……というだけでなく、**日本の競馬場は世界的に見ても抜群に楽しい**のです。

僕はこれまで、ドバイ、サウジアラビア、韓国、香港、インド、アメリカなど、計10か所以上の海外の競馬場に行きました。多いときには月1回くらいのペースで足を運ぶので、海外の競馬場には割と詳しい自負があります。

そんな僕から言わせてもらっても、日本ほどきれいで親切な競馬場は、他にありま

メイダン競馬場
(ドバイ)にて、
芝の「クッション体感値」
を測定したのち、
「レース回顧」を行なう
ナーツゴンニャー中井。

せん。

日本の競馬場に対して、どこか殺伐《さつばつ》としていたり、不衛生なイメージを持っている方もいるかもしれませんが、それはもう、過去の話です。

今はゴミもほとんど落ちていないし、客層もおしゃれな若者が多い。食事ができるところや、体験乗馬やキッズランドなど、子どもが遊べる施設も充実しています。**競馬仲間だけでなく、家族連れでもデートでも、1日楽しめる場所**になっているんです！

それなのに入場料はたったの100円

程度。こんなにコスパのいい遊び場、他にあります？　ナーツ流に言わせてもらえば、**日本の競馬場は「遊び場としての期待値」が非常に高い**と思うのです。

ご飯もおいしいので、全国各地の競馬場を実際にまわっている僕から、ちょこっとグルメ情報を。

まずは、**石川県の金沢競馬場**。ここは、競馬場には珍しいお寿司屋さんが入っています！　競馬をしながら日本海の海の幸を味わえ、旅気分を満たしてくれるのが嬉しいポイントです。

旅気分を味わえるといえば、**北海道の競馬場のジンギスカン**もおすすめ。フードコートでも楽しめますが、イチオシはバーベキュー。僕が行ったときは内馬場がバーベキュー広場になっており、北海道の夏を満喫できること間違いなしです。バーベキューができる競馬場は他にもけっこうあるので、季節がいいときにはぜひチェックしてみてください。

中央競馬場だけでなく、地方競馬場もレジャー施設やフードサービスに力を入れているところが多いです。ちなみに僕のお気に入りは、**大井競馬場の「もつ丼」**。これ

名古屋競馬場にて、相方・イルマーマニ―松浦とたこ焼きを食べるナーツゴンニャー中井。

が味がしみててうまいんですよ！

どの競馬場もホスピタリティが素晴らしく、こんなこともありました。

府中競馬場に行ったときのことです。ここに鳥駒さんというお店があり、僕はそこで鰻丼を食べたのですが、あろうことか**帯を取った馬券をテーブルに置き忘れてしまった**のです……。

気がついたのは、全部のレースが終わって帰宅するときでした。

「あ！」と、急いでお店に戻ったものの、もちろんテーブルは片づけられたあと。

「そりゃ、あるわけないよな……」と諦めながら一応お店の人に聞いてみると、なんと、「それは大変だ」と、皆さん総出でお店のゴミ箱を片っ端から開けて探してくれたのです……！

お店にないとわかると、「まだトラックはきてないと思うから」と、競馬場全体のゴミ集積所まで連れて行ってくれ、探すのを手伝ってくださいました。

そして、ついに見つかったのです！　馬券が見つかったこと以上に、皆さんの優しさが嬉しくて、以来、府中に行くときは必ず鳥駒さんで食べるのは、言うまでもありません。鳥駒の皆さん、あのときは、本当にありがとうございました！

そんなドラマが待っているかもしれない（!?）競馬場は、行かなきゃ損。

ぜひ、週末や旅のプラン候補に入れてみてください。

第4章

メンタル

どんなときでも、ブレずに「勝ち続ける」ために

ニコ
ニコ
なんか最近機嫌いいね
競馬の調子いいの？
そうなんですよ〜ナーツさんに教わったことを
実践するようになってから結構調子よくて
もう当てたい一心で何も考えずに1番人気を買うこともないし
ハデな馬柱に飛びつくこともなくなりました
出走馬の過去のレースをしっかりチェックして、おいしい穴馬を自力で見つけられるようになったし
絞った攻めの馬券で勝負することもできるようになってきました！
なってきたんですけど……

頑張って予想してる分、外したときのショックが大きいんですよね
悩みに悩んで本命にしなかった馬が好走したときなんて後悔でハゲそうです…
俺なんて今月の給料全部溶かしてるからね!!(泣)
そんなに!?
あと期待値を追う買い方ってやっぱり的中率が低いじゃないですか
わかっていてもあまりに連敗が続くとメンタルがブレてくるというか……
ドン
どうしたらナーツさんみたいに徹底できるんでしょうか
それは、期待値の考え方を〝芯から〟理解できてないからだね
ウマキング
UMA KING

今度こそ「当てにいく競馬」から卒業しよう

ここまで、期待値を追う競馬の理論や手法についてお伝えしてきました。あとは、やることはシンプル。期待値の高い馬にひたすら賭け続けるだけです。

ですが、これがなかなかどうして。徹底するのは難しいんですよね……。

というのも、最初からお伝えしているように、**「期待値を追う競馬」は的中率が低い**からです。

いくら回収率を上げるためと頭では理解していても、何度も外せば自信をなくしますし、面白くはありません。「やっぱり当たらなきゃ意味ないよ！」と、期待値とは逆の〝当てにいく競馬〟に走るのも無理はないと思います。それはそれで、競馬の楽しみ方ですので、否定はしません。

ですが、あなたは競馬で勝ちたくて、本書を手に取られたのですよね？　ならば、そこは**「メンタル」**です。

以前のような「的中率は高くても回収率の低い競馬」に戻るか、ブレないハートを作って「的中率は低いけれど回収率の高い競馬」を手に入れるか、ここが分かれ道。

本章では、後者を選び、最後の高い壁を越えようとしているあなたのために、僕が普段、メンタルについて考えていることをまとめました。

そうは言っても、「根性でメンタルを鍛えろ」という話ではありません。競馬でブレないためのメンタルは、理解と経験で作ります。ここでも軸になるのは、やはり「期待値」です。

「期待値」と「メンタル」は表裏一体である

ちなみに**僕は、ギャンブルのメンタルに関しては、かなり自信があります**。もしギャンブルのメンタルを競うオリンピックがあれば、メダルを取れると思います。

先日、覚えて1週間のポーカーで、優勝賞金が2000万円という大きな大会に出場する機会をいただき、いきなり2位になったのですが、そこで褒められたのも「メンタル」でした。

プロがひしめくテーブルで、お互いの腹を探り合う極限状態のなか、ひとりだけケロッとした顔でアグレッシブにベットするので、驚かれたのです。実際、まったく緊張しませんでした。

実は**競馬もポーカーも、期待値の理論、そして心の構え方は同じ**です。競馬で普段から淡々と期待値を追っていたからこそ、覚えたてのポーカーでも結果を出すことができたのは間違いありません。

期待値は、「理論」と「メンタル」の両輪が揃えば無敵です。本章で、期待値を追う競馬の最後の仕上げをしていきましょう。

勝っても負けても、「淡々と」期待値を追う

ここで、今のあなたのメンタルがどのくらいのレベルか、ちょっとテストしてみたいと思います。

想像してみてください。今あなたは、10レース連続で外しています。5万円あった手持ち資金はどんどん減り、残り5000円になってしまいました。

ですが、次のレースは、自信があります。もうこの馬しかいないという本命馬も見つけています。思い切ってあなたは、その馬を絡めた3連単に残り全額を入れました。

……しかし、残念。かすりもしません。

さて、どんな気持ちになりましたか？

①もう競馬なんてやめてやる！
②次は人気馬の複勝でもいいから当ててホッとしたい
③特になんとも思わない

もうひとつテストです。

あなたが狙った穴馬が見事、1着になりました。この馬を軸に買った3連単が大当たり。なんと、万馬券になり帯獲得です。周囲の友人たちが羨望の眼差しであなたを見ています。さて、どんな気持ちになりましたか？

①ウハウハでテンションMAX！
②しばらくは手堅く賭けて、減らさないようにしなければ
③特になんとも思わない

いかがでしょう。
「1」や「2」を選んだ人が、多かったのではないでしょうか。

ただズバリ申し上げると、どちらのテストも「3」以外は、メンタルの準備としては不十分です。

極論を言えば、**どれほど外そうが、どれほど当てようが、「特になんとも思わない」のが、競馬のメンタル的には理想。**どんなときでも「淡々と」期待値を追うためには、メンタルをこの領域に持っていく必要があります。

まあ、とはいえ、ロボットではないので万馬券を当てたときなどは、喜んでもいいですけどね。僕も、「お、当たった。嬉しい♡」ぐらいは思います。

では、この常にフラットなメンタルに近づいていくためには、どうすればいいのか。具体策として、僕はプロセスに注目することが鍵になると思っています。

結果よりも「いい馬」を選べたかどうかが大切

本書で繰り返しお伝えしてきた通り、僕にとって競馬でいちばん大事なのは、馬券が当たったかどうかではありません。10万回レースが行なわれたとき、**「最も回収率**

の高い馬＝期待値の高い馬」を選べたかどうかです。

なので、レース回顧をして予想して、期待値のある馬を選んでいるときがいちばん充実しているし、楽しいです。

仮定の中で答えを導き出すことが僕にとってはすべてなので、実際のレースの結果は、そもそもあんまり興味がない。

予想が終わった時点で、そのレースでの仕事は終わり、という感じです。そのぐらい、期待値のことしか考えていません。

当てにいくことはしないので、期待値の低い人気馬などは切ります。結果、切った馬が馬券内にきてしまうこともしょっちゅうです。

でも、人が評価していない〝おいしい馬〟を選べたのなら、僕は満足。これさえ続けていけば必ず勝てることはわかっているので、外れたからといって後悔もしないし、「次は当てにいこう」という心理になることもありません。

もっと〝プロセス〟を楽しんでみよう

ただ、僕のように予想がいちばん楽しくて、結果に興味がないなんてタイプの人は、ほとんどいないでしょう。こんな競馬の楽しみ方は、僕が〝期待値オタク〟だからだという自覚はあります。

普通は逆で、予想よりも「スタートのファンファーレが鳴ったとき」のほうが胸は高鳴るでしょうし、スタートして「レースを見ているとき」にワクワクします。そして最高のテンションが訪れるのは、「馬券が当たったとき」のはずです。

それでいいのです。競馬の楽しみ方、感じ方は人それぞれですから、僕の楽しみ方をなぞる必要はありません。

ただ、本当に競馬で勝ちたいなら、**今より少しだけ「結果」より「予想のプロセス」を楽しんでみる**意識を持ってみてください。

なぜなら、プロセスを楽しむことで、競馬の面白さが広がり、当たっても外れても「まあ、楽しめたからいいか」と思える気持ちが育ってくるからです。その積み重ねの先に、ブレないメンタルも宿ってきます。

そして、プロセスを楽しむことは、精神面だけでなく、実利面でも効果があります。次に説明するように、ムダ打ちするレースが減り、結果的に回収率も上がってくるのです。

レースを絞ること、できていますか？

競馬では、「下手な鉄砲も数を打てば当たる」は、あまり通用しません。

もちろん、第3章でお話ししたように、初心者のうちはある程度レースの数をこなして、経験を積むことが重要です。ですが、そのときもあくまで、「競馬の経験と期待値を追う練習を積むため」という目的意識を持ってください。「たくさんのレースに賭けること＝善」ではありません。ここを勘違いしないようにしましょう。

先ほど、結果よりプロセス（予想）に力を入れるとレースが絞れるようになる、とお伝えしたのは、予想を楽しむことで、そのレースに対する〝手応え〟がわかってくるからです。手応えのあるレースだけに絞って参戦すれば、ムダに賭けるレースが減り、資金効率がよくなります。

あるいは、**あえて先に参戦するレースの数を絞ってしまう**のもおすすめです。

たとえば、「今週は日曜日の重賞だけ」「どんなに多くても1日3レースまで」と、自分の中で参戦するレース数を限定すれば、そのレースの予想にしっかり注力できます。手持ちの予算の中で、どのレースにどれくらい賭けていくか、予算配分も検討できるので、財布に無理も出ません。数を限定することで、毎回真剣に期待値を追うことができ、予想の質を高められます。

逆に、レースを絞らないと、どうなるか。だいたい、やみくもに賭けて負けていくパターンに陥ります。「11レース外したから、次の12レースで大穴を当てて挽回だ！」などと、それまでの負け分を取り返そうと、歯止めが利かなくなるのです。これ、相方のイルマーマニー松浦もよくやっているのですが、正直言ってナンセンスです。

なぜなら、やる予定じゃなかったレースは、当然、しっかり予想ができていないレースなので、カンや運頼み、あるいは〝当てにいく競馬〟になりやすい。期待値を追う競馬からは遠のいていき、資金も減るという悪循環になります。イルマーマニー松浦も、それで結局、僕から借金しているわけですから……(笑)。

レースを絞り、予想を楽しむことで、たとえみんなが参戦する重賞レースであっても、**「これは期待値ないから〝見《けん》〟(レースを見送ることに)しよう」**といった選択が取れるようになります。周囲や感情に流されず、自分の意志で賭けるレースを決めるのは気分がいいですし、競馬もレベルアップでき、いいことずくめです。

「目標回収率」なんて、決めなくていい

本書では「当てることは目指さず、回収率を上げていくことを目指す」と、最初に

お伝えしました。そうするとなんとなく、「今月は回収率110％を目指すぞ！」など、目標を掲げたくなりますが、目標回収率など決めなくていいです。

理由はシンプル。**目標を決めてしまうと、期待値を追えなくなる**からです。

仮に、今月の目標回収率が150％だったとしますね。で、たまたま1回大きく勝って、この目標がクリアできたとします。

すると、どうなると思いますか？　次回以降は、1回でも外すと、この回収率を下回ることになります。結果、外すのがこわくなり、手堅く当てにいくことになります。これでは、期待値を追う競馬になりません。

逆に、回収率が目標に届いていない場合は、無茶な賭け方をすることにもつながります。淡々と期待値を追う上では、目標値を持つこともまた、邪魔になるのです。

また馬券を買うときに、「この馬券は50倍はつくから100円で、こっちは8倍だから500円で」など、回収率を意識して予算を振り分けることも多いと思いますが、これもあまりおすすめできません。馬券によって資金を変えると、結果的に「的中率」で判断するのと同じになり、期待値を追えなくなるからです。

むろん、回収率は１００％を超えるに越したことはありません。

ただ、**１００％を超えたかどうかを境界にして考えすぎるのも、いい思考ではありません。**１００％を超えるように馬券を組むのは、トリガミにならないように馬券を組むのと同じで（１８８ページ参照）、期待値的に間違っているからです。

また１００％にこだわると、たとえ９９％でも大きく負けたような気がしてしまいます。ですが、差はたった１％。誤差の範囲と言っても差し支えないですし、勝ちたいのならそこを気にするよりも、期待値を追えたかどうかを気にするべきです。

競馬で大切なのは「結果」よりも「プロセス」。〝ブレないメンタル〟を作るために、「やるレース」を絞ってみよう！

競馬で「後悔」するのは、時間のムダ

負けが続くと、自信をなくします。また、とりあえずいい気分を味わいたくて、当てにいきたくもなります。**期待値を追う競馬は、こうした「自分の気持ち」との闘い**といってもいいでしょう。

「当てたい」という気持ちを作るのは、「負けて悔しい」という感情や「馬選びが間違っていた」というような後悔です。競馬をする以上、どうしてもついて回る感情ですが、これにとらわれると、賭け方がブレていきます。期待値を追えなくなり、結果的に「負ける競馬」となっていくため、非常に厄介です。

ここでは、この落ち込むメンタルへの対処法についてお伝えしていきます。

大前提として「打率10割」のバッターはいない

そもそも、どんなに競馬が上手くても、全戦全勝できる人はいません。

仮に20％の勝率だと思う馬なら、5回に1回しかこないわけですよね。50％の確率だとしても、2回に1回です。**当たるときより外れる確率のほうが、たいていは高い。**それが当たり前の世界です。

それなのに、ほとんどの人が外したときにショックを受け、「自分の選択が間違っていた」「やっぱり俺はセンスがないのかも」などと、落ち込んだり、後悔したりします。

いったいなぜか。

それは、「レースを単発で考えている」からです。このレースの答えはひとつしかない。**当たるか外れるかで考えているから、結果に一喜一憂してしまう**のです。

だから負けると、次のレースではおいしくない人気馬でもいいから「とりあえず当てたい」と、ブレていく。こうした思考回路になると、やがて回収率を自ら下げる競馬をすることになっていきます。

これを防ぐには、第1章でお伝えしたナーツ式競馬の核である、**「このレースは10万回のうちの1回である」**という前提に、改めて立ち返る必要があります。忘れてしまった人は、もう一度、何度でも読み直してみてください（32ページ参照）。

僕からすれば、競馬は外れるのが前提。勝率が5％ぐらいの馬に賭けるときは、95％は外れるだろうという覚悟なので、外れてもなんとも思わないです。「そりゃそうだよな」と思って終わりです。

そのレースは、あくまでも10万回のうちの1回。だから、結果は気にならないし、おいしくない人気馬は簡単に切れます。

この「レースは10万回のうちの1回である」という期待値の大前提を〝芯から〟理解できてさえいれば、**メンタルを鍛えようとしなくても、おのずとブレなくなってく**

るはずです。

落ち込んだり、後悔したりするのは、ある種〝思考のクセ〟でもあります。

周りを見てください。予想で切った馬がきたときに、「そっちかぁー。そっちも考えていたのになぁ」とぼやいて引きずる人は、いつも同じ人ではありませんか？

そういう人は仕事のミスも引きずりますし、買い物をしても「あっちの色のほうがよかったかな……」などと、日ごろから後悔しています。

「後悔する人」は「悩む人」でもあるので、ちょっとした買い物に何時間も悩んだり、馬券選びでも迷いがちです。僕から見ると、どっちももったいない。悩んだからといって競馬が上手くなるわけでもないし、期待値のない時間の使い方だなと思います。

後悔と悩みを減らす「ファーストチェス理論」

悩んだり、落ち込んだりするのは、性格的なものだからしょうがない。そう諦めるのは早いです。なぜなら、後ほどお話ししますが、僕自身もかつては落ち込むタイプだったからです。〝思考のトラップ〟に気づきさえすれば、誰でも変われます。

そもそも悩んだり、後悔したりするのは、いくつか選択肢があるからですよね。その選択肢の中でどれを選ぶのか。どうせ悩むし、後悔もするなら、たまには思い切って直感を信じてみるのもいい。そんなふうに思える話を、手始めにご紹介します。

「ファーストチェス理論」という理論を、ご存じでしょうか？　もとになっているのは、チェスの名手が5秒で出した手と、30分かけて考えた手を比較したら、8割以上同じ手だったという実証データです。

そこから、**「悩んでも、結論はさほど変わらない」**、**「悩んだところで、必ずしも最善策に辿り着けるとは限らない」**という理論として知られています。

ようは、8割、9割同じなら、悩む時間はムダということです。

悩むクセがつくと、当てにいく競馬になります。迷ったらこの話を思い出し、ピンときたもの、最初にいいと思った手を選んでみる練習をしてみてください。

とはいえ、ついつい迷ってしまうのが人間。そんなときのために、**悩んだときに打つ手をあらかじめ決めておく**のも手です。自分の中でルールを決めて、迷いと後悔の沼にハマる前に、ロジカルに処理してしまうのです。

たとえば、第3章の賭け方を参考に、「4頭買いたい馬がいて優劣がつけられない場合は、ボックス買いを使う」など、自分なりの〝馬券ルール〟を決めてしまうのもいいと思います。

ですが、僕に言わせれば、**悩むのはそもそも予想しきれていない**ということです。それは、予想が難しいレースで、自分のレベルに合っていないということの裏返し。そう割り切って、〝見する〟と決めてしまうのもアリです。

実際に僕も、本命馬を絞りきれないときは、無理やり選んでも期待値が下がると判断し、参戦を見送ることにしています。

いずれにしても、はっきりしているのは、競馬で必要以上に悩むのはムダだということです。その時間を次のレース回顧に当てたり、楽しいことに使ったりしたほうが、よっぽど有意義でしょう。

「期待値のないこと」に時間を割くのは、もったいない

悩む原因のほとんどは、「当たるか、当たらないか」で考えている思考回路にあります。結果を重視しすぎるから、「あっちだったか」と後悔してしまうわけですね。

ですが、何度もお伝えしているように、競馬の結果はわからないし、答え合わせができません。ラッキーを引くこともあれば、アンラッキーを引くこともある。だから、悩んでももう、しょうがないんですよ。

競馬以外でも、悩んでもしょうがないことって、毎日の中にけっこうあります。

僕はいつも、「これは期待値があるか?」と自問するのですが、この習慣はムダに

悩むことから離れ、競馬の判断を早くする練習にもなると思うので、悩みやすい人にはおすすめです。

たとえば、僕にとって「期待値のない時間」は、一人でする食事にかける時間や毎日着る服に悩む時間。まったくこだわりがないので、なんでもいい。服もワンパターンでいいし、とにかく時間をかけたくないです。

では僕にとって「期待値の高い時間」は何かというと、面白いことや楽しいことに使う時間です。競馬もそうですし、最近再び始めた野球もそう。こうして競馬ファンに向けて本を作ることも楽しいです。ポーカーもはまっているので、国内外を問わず、いろいろな大会に挑戦していけたらいいなと思っています。

こういう楽しいことにつながる時間は、僕にとって「期待値の高い時間」。大袈裟《おおげさ》でもなんでもなく、やっぱり人生1回きりですから、「期待値のない時間」は極力減らして、楽しい、面白い、幸せだなと思える時間の回収率を上げていきたい。

そう考えると、悩んだり、後悔したりする時間が、もったいなく思えてきませんか？

「なんか調子いいかも」は、ただの思い込み

悩むのとは反対に、的中が続いて「なんか調子いいかも」「次もいけそう」「俺って天才かも⁉」と調子に乗るのも、期待値を追うメンタルには邪魔になります。

狙った本命馬がくるのもまた、「たまたま」だということを忘れてはいけません。**膨大な試行回数のうちの「ラッキー」を引いただけ。**サイコロでいえば、6の目がたまたま3回連続で出ているだけなのに、「超ツイてる！」と思ってしまっている状態だということに、気づいたほうがいいです。

戦績は結果論でしかない以上、**落ち込むのと同じく、調子に乗ることにも意味はありません。**

ましてや、「なんか今、運がいいから」と調子に乗って、語呂合わせやラッキーカラーで馬を選び出したらおしまいです。

当たっても外れても、やることは変わりません。イチロー選手や大谷選手のように一流の選手は、調子が悪くて落ち込んだり、成績がよくても調子に乗ったりしないですよね。むしろ、調子に波があるときほど、ルーティンを大事にし、「やるべきこと」に集中して淡々と実行しています。競馬で期待値を追うのも、あのマインドを参考にしたいものです。

「後悔」と「反省」は違う

外しても気にならないのは、そもそも後悔してても何もプラスにならないことに、あるとき気づけたからです。

何を隠そう、僕も以前は、後悔して落ち込むタイプでした。

僕は小学校から大学まで野球をしていて、ポジションはピッチャーだったのですが、バッターに打たれるたびに、「なんであの球を投げちゃったんだろう」とか、「負けたのは俺のせいだ」とか、後悔しては引きずっていました。

ですが、高校生のときにふと思ったのです。**こうやって落ち込んでも、なんにもプラスにならないよな**、と。

そして、打たれて悔しい、負けて悲しいと思う感情があるから、三振を取れたり、勝ったりしたときの嬉しい感情もあるんだよな、とも思いました。

マイナスの感情をなくしたら、プラスの感情もなくしてしまう。だったら、打たれて悔しい感情や、自分を責めて落ち込むことを、別に否定する必要もないんじゃないかと。

問題は、そのあと。マイナスのできごとや感情は、それはそれで受け止めるしかないけれど、いつまでもそこにとらわれているのは、意味がない。それならまあ、練習するかって。そういう境地に辿りついたんですよね。

後悔ではなく、たとえばホームランを打たれたあとに、「あそこでカーブを投げたほうがよかったかな」とか、「もう少し冷静になっていたら、フォークの選択肢を出せたな」など、**次に活かすための「反省」や「振り返り」なら意味はあります**。

でも、そのカーブを投げて打たれたのなら、それ以上の最善策はどう考えてもない。それと同じで、自分がこれだと思える期待値の高い馬を選べているなら、仮にその馬がこなかったとしても、それは仕方がない。そこで後悔するのは、意味がないと思うのです。

いかがですか？　少しは悩むこと、後悔することから脱却できそうでしょうか？今はまだできなくても大丈夫。期待値を追う競馬を楽しめるようになれば、自然と思考回路も変わってきます。そこから結果もついてきていることに、いつか気づくはずです。

日ごろの「メンタル」が、競馬に直結する。「期待値のない行動」を取るクセがないか、振り返ってみよう！

「競馬で勝ち続ける人」は2種類しかいない

僕が今まで見てきた競馬が上手い人のタイプには、大きく2通りあります。

ひとつは、**「競馬大好きマン」**。寝ても覚めても競馬のことを考えており、非常にパッションがあるタイプの人のことです。

競馬を極めようと思ったら、データの分析や情報収集にそれなりの時間や労力を割く必要があります。しかし、その苦労が必ずしも報われるわけではなく、基本的には外すことが多い。だからこそ、それを苦に感じないぐらい〝競馬そのもの〟が好きじゃないと、なかなか長続きしないわけです。

予想にかける時間や労力が惜しくないというのは、競馬の腕を磨く上で大きな強みとなります。競馬に限らず、スロットや競艇でも、その分野だけ強い人がいますが、そういう人はたいてい、そのギャンブルが「大好き」であることが多いです。

ただ、このタイプの人は、競馬なら競馬、スロットならスロットのスペシャリストにはなれますが、他のギャンブルは強くなりません。当たり前ですが、興味を持てない分野に関しては、調べるパワーが湧いてこないからです。

それに対し、もうひとつのタイプである**「期待値マン」**は、ギャンブルを好き嫌いではなく、統計的な思考でとらえます。

このタイプの強みは、**期待値さえ理解すれば、競馬に限らずほとんどのギャンブルに応用が利くし、あらゆるケースに対応できるメンタルが鍛えられる**ことです。

ちなみに僕は、こちらのタイプです（もちろん、競馬そのものも好きですが）。僕がポーカーの大会でいきなり準優勝できたのも、まさに「期待値マン」としての腕があったからだといえるでしょう。

ギャンブルで強くなりたいなら、「期待値マン」を目指すのがおすすめです。理屈を芯から理解すれば、レベルを問わず、誰でも身につきます。これさえ手に入れたら、その分野を超好きな人にも負けない戦いができるでしょう。

また、鍛えられた勝負カンやブレないメンタルは、他のギャンブルはもちろん、仕事にも、人間関係にも、日常生活にも役立ちます。人生を変え得る、大きな武器になると言っても、過言ではないのです。

成功者ほど〝期待値思考〟を身につけている

「期待値だけ追えばいい。ここさえ押さえておけば、必ず勝てる」

僕がこの〝期待値思考〟を体得できたのは、パチスロの経験からでした。第1章でお伝えしたように、何百、何千回とパチスロで自分の出した期待値が合っているかどうか答え合わせをした結果、「やはり、期待値を追っていれば間違いない」と確信を得られ、運に頼らない思考と、負けてもブレないメンタルを手に入れられたのです。

しかし、これはなにも、僕に限った話ではありません。

実は、僕がこれまでに出会った**ビジネスの成功者や、カリスマ的な経営者の方々の中にも、パチスロ経験者は多く、かつ、「期待値マン」であることが少なくない**のです。

ちなみに、彼らに期待値思考を持っているかどうかを直接的に聞いたわけではありません。ですが不思議なもので、自分に期待値思考があれば、相手もそのセンスを持っているかどうかは、すぐにわかってしまうのです。たとえ相手がギャンブラーでなくても、少し話をすれば「あ、この人、期待値のセンスがあるな」と気づきます。

普段そういう人にはなかなかお目にかかれないのですが、出会う確率が唯一高いのが、ビジネスの成功者や経営者なのです。しかも、その多くがパチスロ経験者。僕は、これは単なる偶然ではないと思っています。

パチスロはレートが低いので、最終的には皆さん卒業していきますが、パチスロを一時的にやり込むことで、彼らは、**「淡々と期待値を追うことの重要性」**を芯から理解した。そこで「余計なことに振り回されない思考」と「ブレないメンタル」を手に入れたことが、後のビジネスでの成功につながったのではないか……というのが、僕の見解です。

裏を返せば、「期待値理解者になれば、ビジネスで成功する確率を高められる」ともいえるのではないか、と思っています。

「競馬しかやらない人」が競馬で勝ち続けるのは難しい

話が少し逸《そ》れましたが、僕が言いたいのは、期待値思考を腹の底から理解するために、パチスロはかなり有効であるということです。

第1章でもお伝えしましたが、機械であり計算によって管理されているパチスロは、自分が出した予想（期待値）が合っていたかどうか、「答え合わせができるギャンブル」です。それゆえパチスロは、期待値を使えるギャンブルの中では、かなり簡単な部類に入ります。

それに対し競馬は、期待値の難易度でいえばはるかに高い。パチスロが基礎編なら、競馬は超応用編にあたるわけです。

ようするに、**競馬しかやらないのは、基礎を飛ばして超応用の難問を解いているようなもの**。基礎ができていない以上、いずれ限界がきます。やがてカンや運に頼るようになってしまうので、よっぽど競馬が好きでオタクレベルになれない限り、競馬だけで勝ち続けるのは難しいのです。

最後の最後に水を差すようで恐縮ですが、本書を読んで「よし、期待値を腹の底から理解するために競馬をやり込もう」と思っても、それは無理だと思ってください。

何度も言っていますが、〝競馬は答え合わせができない〟から。そこがパチスロとの大きな違いです。答え合わせができない以上、競馬で期待値の理論を、自分自身で確かめながら体得していくことはできないのです。

期待値思考を本当に体得したいのなら、パチスロで経験を積むのがいちばんです。

もう一度言います。「サイコロを〝10万回〟振ってみてください」

「おいおい、競馬が上手くなると思って買ったのに、パチスロをやれって？　どういうことだよ！」とお怒りになった皆さん、ご心配なく。ちゃんと代案があります（もちろん、興味がある人はぜひパチスロにもトライしていただきたいですが）。

その代案とは、すでに本書でご紹介した**「サイコロ10万回」**です。

第1章でご紹介したときは、「目の前のレースは10万回のうちの1回である」ということを理解していただくために、この話をしました。

簡単におさらいすると、サイコロを振ってどの目が出るかはわからないように、1回だけのレースで見れば、どの馬が勝つかはわからない。しかし、10万回サイコロを振れば、どの目も出る確率が6分の1に近づいていく（大数の法則）ように、レース結果も、10万回レースが行なわれるとしたら、1着になる確率は各馬の力量に合ったものになる、というものでした。

ただ、本当に10万回振れば、出る目の確率は6分の1になるのかどうか、いくら口で伝えても「実感」としては湧かないと思います。

ですが、**思考を変えるには、この実感がすごく重要**なんです。

「本当に、そうなるんだ」ということを体でつかむと、思考は変わります。パチスロで期待値思考が身につくのは、答え合わせをすることによって、「本当にそうなるんだ」と実感できるからに他なりません。

ですから、ここではパチスロの代わりに、「実際に」サイコロを10万回振ってみてほしいのです。パチスロが基礎編なら、サイコロは超基礎編、というわけです。

「10万回？　実際に？　冗談でしょ？」と思われるかもしれませんが、僕は本気です。

大丈夫。そんなに遠い道のりではありません。実際、100回ぐらいならすき間時間に振ることができますよね。昼休みやスマホを見ている時間を使えば、1日100回くらいはいけると思います。

そのペースで振っていけば、1か月で約3万回はクリア。3か月ちょっとで10万回達成できます。途中でできない日があっても、4か月もあれば楽勝です。

1日500回ペースでも、半年ぐらいあれば到達するので、それほど困難な道ではないはず。パチスロなら、もっとかかりますし、お金も必要になってきますが、サイコロなら無料。誰でも、どこでもできて、こんなに期待値思考を身につけるのに適したアイテムはありません。

僕の知人は、実際にやってみて、最初はやたら「4」と「6」が出たと言っていました。他の目との差があまりについたので、「本当にこれが均等になるのか……?」と最初は半信半疑だったようです。

しかし、1万回を超えたあたりから、他の目が出る確率が徐々に追いつき、「こういうことか！」と納得したと言っていました。この実感が大事なんです。

繰り返しになりますが、競馬における「期待値が高い」とは、10万回そのレースがあった場合、どの馬の回収率が最も高いのか、です。1回こっきりのレースで見ると、どの馬が勝つかは「たまたま」ですが、10万回も走れば必ず、その馬の勝率に応じた順位に収斂されていきます。**ここを、脳で、心で、体で理解できるかどうか**です。

期待値思考は、予想以前に持つべき思考。
だまされたと思って、さあ。サイコロを振ってみましょう！

成功者には「期待値思考」を身につけている人が多い。
競馬で勝ちたいなら、〝頭〟ではなく〝体〟で期待値を理解しよう！

Column 4

あのイチロー選手との対戦でも「緊張ゼロ」だった理由

僕は、「パワフルスピリッツ」という草野球チームに所属し、ピッチャーをしているのですが、なんとあるとき、**あのイチロー選手に投げることができるという、一世一代のチャンスに恵まれました。**※ 僕にとってイチロー選手は、言うまでもなく大スター。小さい頃から見てきた憧《あこが》れの選手です。

周囲の人や昔の野球仲間には、さぞ、緊張しただろうと言われるのですが、僕はまったく。むしろ、動画映えを気にする余裕すらありました（笑）。

なぜなら、競馬を通じ、「期待値の低いことをしても意味がない」と、身を持って知っているからです。

この場合の「期待値の低い行動」とは、まさに緊張してしまうこと。緊張してもパフォーマンスが下がるだけで、誰も得をしません。それどころか、この奇跡のような対戦を悔いが残るものにしてしまう可能性が高い。

もちろん、僕も気持ちは昂《たかぶ》りましたが、**「ここで緊張しても期待値ないよな」**と思えたので、平静を保てたのです。

結果、自分としても納得のいくボールを投げることができ、見事、イチロー選手を打ち取ることに成功。そのときの気持ちは、どんな言葉をもってしても、言い表すことができません。

競馬で培った期待値のマインドが、人生最高の瞬間をもたらしてくれたと思っています。

※「【決着】パワスピが誇る剛腕ナーツゴンニャー中井vs世界のイチロー！ 夢の決戦の行方は…!?」
……動画リンク：https://youtu.be/1mL3rNNa5Gs?feature=shared

Epilogue

365日、毎日10時間の「競馬生活」をしてみてわかったこと

最後に、僕が競馬の期待値をつかんだ頃のことをお話しししたいと思います。

僕は、新卒で広島の高校の社会科教師になったのですが、中学でも教えられる免許を取るために、大学に戻っていた時期があります。場所は神奈川でした。

学生なので時間があり、ここで生涯でも最も濃厚と言っていいぐらい、競馬漬けの日々を過ごしました。それこそ、365日、1日10時間はレース回顧をする日々を送ったのです。

それぐらいレース回顧をしていると、いやでも期待値の高い馬を見る目が肥えてきます。するとどうなったかというと、着実に勝てる回数が増えてきたのです。

回収率も上がり、自分でも上達していくのが、感覚と数字でわかるので、競馬がどんどん楽しくなってきました。

第1章でお伝えしたように、「正しく」期待値を追っていれば、長期的には必ずその通りの結果になります。このことは、パチスロですでに体験済みでしたが、競馬もやっぱりそうなんだと確信を持てたのも、まさにこの時期。

そして、自分が選んだ期待値の高い馬が勝つたびに、人が見ていない情報で予想することの重要性も痛感しました。

それでももちろん、毎回は当たらないし、外すほうが多い成績でした。

ですが、たとえ9連敗しても10回目に11倍の馬を当てれば、回収率は110%。これでいいんだ。毎回当てなくてもいいんだと思えるようになり、気づけば、当たろうが外そうが、なんとも思わなくなっていました。

「10万回のうちの1回だし」と、腹の底から割り切れるようになってからは、一層、期待値を追う競馬が加速しました。どんなときも、淡々と期待値を追う。自分の中で、迷いが一切なくなったのです。

期待値を追うための理論とメンタルの両輪が自分の中に備わってから、日常生活も変わったなと思います。

緊張したり、焦ったりすることはあっても、「これってなんも期待値ないな」と思ったら、すぐ平常心に戻れる。自己コントロールができるようになったというか、感情的になって失敗することはなくなったし、毎日を前向きに過ごすことにもつながっているように感じます。

期待値の神髄に近づけば近づくほど、心が落ち着き、動じなくなる。より静かで深いところから、自分も、他者も、世の中も見えるようになったと思います。

もしあなたが今、競馬で全然勝てなくて、落ち込んでいるのだとしたら……。

僕から言えることは、ひとつです。

「落ち込んでも、期待値ないよ」

冷たく聞こえるかもしれませんが、これが僕の正直な本心。勝ちたいなら落ち込む時間をレース回顧に使ったほうがいいし、気が向かなければ好きなことをしていたっていい。とにかく、自分にとってプラスなことをしたほうが、何倍もいいと思います。

安心してください。おそらく、これほどまでに競馬を「期待値」から研究し、さらに体験した人間は、僕以外にいないと自負しています。

３６５日、毎日10時間以上、そして10年以上の経験から僕が得た、勝つための究極のエッセンスをシェアしたのが本書です。

その本書を手に取り、最後までお読みになったあなたは、すでに期待値という黄金の羽を手にしています。やるべきことはもう、全部あなたにお渡ししたつもりです。あとは、実践あるのみ。

お互い、今日も淡々と。
期待値のある馬を探し、追いかけていきましょう！

ナーツゴンニャー中井

おまけ

ウマキング結成秘話

「ウマキング伝説」は、ここから始まった!!

本書をお読みの皆さんの中には、僕と相方のイルマーマニー―松浦で配信しているYouTubeチャンネル「ウマキング」をご覧になっている方も多いと思います。が、当然ご存じない方もいらっしゃると思うので、簡単にご紹介させてください。

相方のイルマーマニー松浦とは、小学校と中学校が一緒の同級生で幼馴染みです。学校では違うクラスでしたが、小学校低学年の頃からなぜか松浦につきまとわれ（笑）、僕が囲碁教室に行けば松浦も入り、僕が野球部に入れば松浦も入ってくるという感じでした。

競馬を始めたのも最初は僕の影響があったと思いますが、はっきりと松浦が競馬に目覚めたのが、2014年のフェブラリーステークスでした。このとき優勝したのは、最低人気だったコパノリッキー。単勝で2万7210円と超破格の配当がついたのを見て、「競馬、夢があるなぁ！」と、目を輝かせた松浦の顔は、今でも忘れられません。

ちなみに松浦の競馬は、期待値をまったく追わない競馬です……。「当てにいく」ことをよしとし、わかりやすい人気馬に乗るスタイルなので、当たってもよくガミってます。

ここ最近は穴馬が人気し、人気馬の配当が高くなる傾向もあり、回収率も上がってきましたが、トータルではマイナス。僕に借金をして馬券を買うのは、もはやおなじみのコンテンツとなりました。

YouTubeをやろうと最初に言ったのは、松浦です。すでに僕が競馬でFIREし、毎週何十万円と稼いでいたのを見て、「まだ競馬系のYouTuberはそんなにいないし、一緒にやらん？」と誘ってきたのがきっかけでした。

ちょうど僕も、もっと競馬の面白さや楽しさが広がってほしいなと思っていたので、すぐに一緒に配信を開始。最初のコンビ名は松浦が考えた「ニートボクロチキン」で、二人の名前も今と違いました。
しばらくは鳴かず飛ばずでしたが、本文でもご紹介した「ロジャーバローズ」を当てたのがバズり、一気に登録者数が増えました。重賞前の「全頭診断」や予想を公開するコンテンツ、松浦の人間競馬（自分が馬になりレース実況する）もウケて、今ではありがたいことに、65万人以上の方にチャンネル登録をしていただいています。

登録者数が増え、新聞やネットメディアで予想を求められる機会も出てきたため、「もうちょっとマシな名前にするか」と、チャンネル名を「ウマキんグ」に変更。
ちなみに、由来は小学校のときに学芸会の演目だった「ライオンキング」です。僕の名前「ナーツゴンニャー」も、ライオンキングで有名な♪～ナーツゴンニャ～♪と歌う曲から。「イルマーマニー」も、挿入歌の歌詞からとりました。

実はもうひとつ、松浦が考えた「ペガサスボーイズ」もチャンネル名の候補にありました。が、くじ引きの結果そちらにはならず。まあ、今見ても、「ウマキんグ」でよかったなと思います（笑）。

1,511,450
円
目標
登録者100万人
帯 獲れなければ
Youtube引退
天皇賞

本書に記載されたデータの詳細は、
三笠書房ホームページ内で閲覧・ダウンロードしていただけます。
https://www.mikasashobo.co.jp

競馬《けいば》で全然《ぜんぜん》勝《か》てないので
競馬《けいば》でFIRE《ファイアー》した男《おとこ》にコツを聞《き》いてみた

著　者――ナーツゴンニャー中井（なーつごんにゃーなかい）
発行者――押鐘太陽
発行所――株式会社三笠書房
〒102-0072 東京都千代田区飯田橋3-3-1
https://www.mikasashobo.co.jp
印　刷――誠宏印刷
製　本――若林製本工場

ISBN978-4-8379-4034-0 C0076

本書へのご意見やご感想、お問い合わせは、QRコード、
または下記URLより弊社公式ウェブサイトまでお寄せください。
https://www.mikasashobo.co.jp/c/inquiry/index.html